ゲーム理論と進化心理学で考える
大東亜戦争開戦と御聖断のサイエンス

「空気の研究」の研究

金澤正由樹

鳥影社

真珠湾攻撃①

上　真珠湾にあるアリゾナ記念館

下　真珠湾攻撃で爆沈する戦艦アリゾナ

出所　いずれも Wikipedia（パブリックドメイン）

真珠湾攻撃②

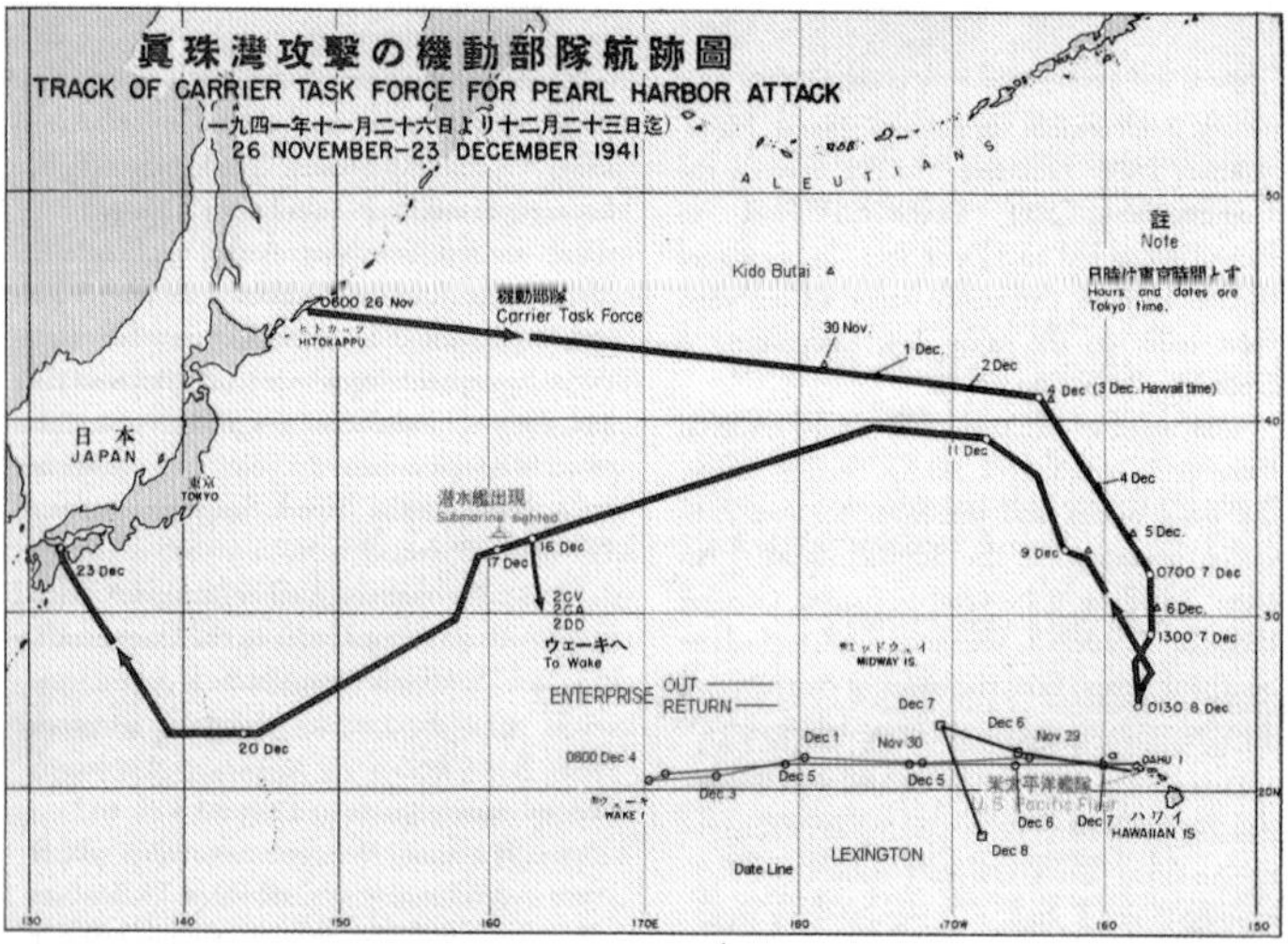

上　炎上する真珠湾上空を飛行する９７式艦上攻撃機

下　真珠湾攻撃の海軍機動部隊航跡図

出所　いずれも Wikipedia（パブリックドメイン）

マレー沖海戦

マレー沖海戦で攻撃を受ける英戦艦プリンス・オブ・ウェールズ（右上）と巡洋艦レパルス（左下）
出所　Wikipedia（パブリックドメイン）

1941-1942年のヨーロッパの戦況

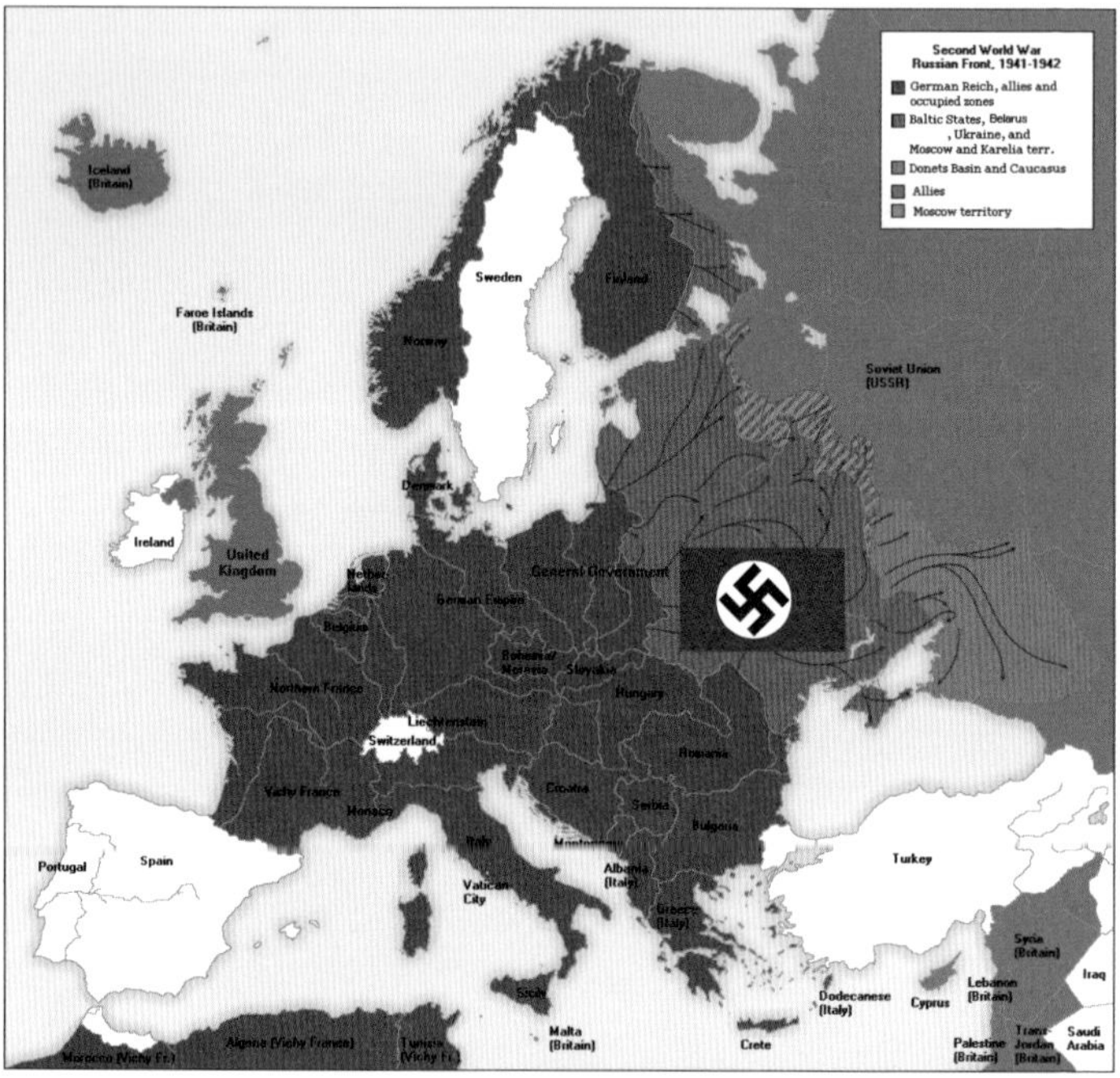

1941年のドイツは、ヨーロッパのほぼ全土を制圧しつつあった。
赤：ドイツ・枢軸国とその占領地　ピンク：枢軸国の勢力圏
青：イギリスやソ連などの連合国　白：中立国
出所　WWII Europe 1941-1942 Map EN.png (Wikipedia, GNU Free Documentation), ナチス・ドイツの旗（パブリックドメイン）

石油がアキレス腱だった日本

日本の石油の依存度（1940 年）

各国の年間石油生産量（万トン）

年	日本	アメリカ	ドイツ	イギリス
1941 年	–	–	9.6	13.9
1942 年	1.8	183.9	11.2	11.2
1943 年	2.3	199.6	13.2	15.8
1944 年	1.0	222.5	9.5	21.4
1945 年	0.1	227.2	?	16.6

現在と同様、日本は国内に油田を持っていなかった。そのため、外国から輸入していたのだが、その８割を“仮想敵国”アメリカに頼っていたのである。また同盟国ドイツも、同様に石油不足問題を抱えていた。

出所　文浦史朗　図解雑学 太平洋戦争（文章及び数値）

開戦時の日米戦力は同等

開戦時の日米戦力の比較

種類	アメリカ	日本
戦艦	17	10
航空母艦	7	9
重巡洋艦	18	18
軽巡洋艦	19	20
駆逐艦	214	112
潜水艦	114	64
合計隻数	389	233
合計トン	142.6 万	97.6 万

開戦時の日米戦力を比較すると、合計では日本が劣っていた。しかし、アメリカはヨーロッパ方面の戦力も確保する必要があり、太平洋方面に限ると、同等かやや日本が上回る。開戦が遅れるほど、生産力で劣る日本には不利になるため、政府・軍首脳は結果的に早期開戦論に傾いた。
出所　文浦史朗　図解雑学 太平洋戦争（数値）

明らかだった日米の国力差

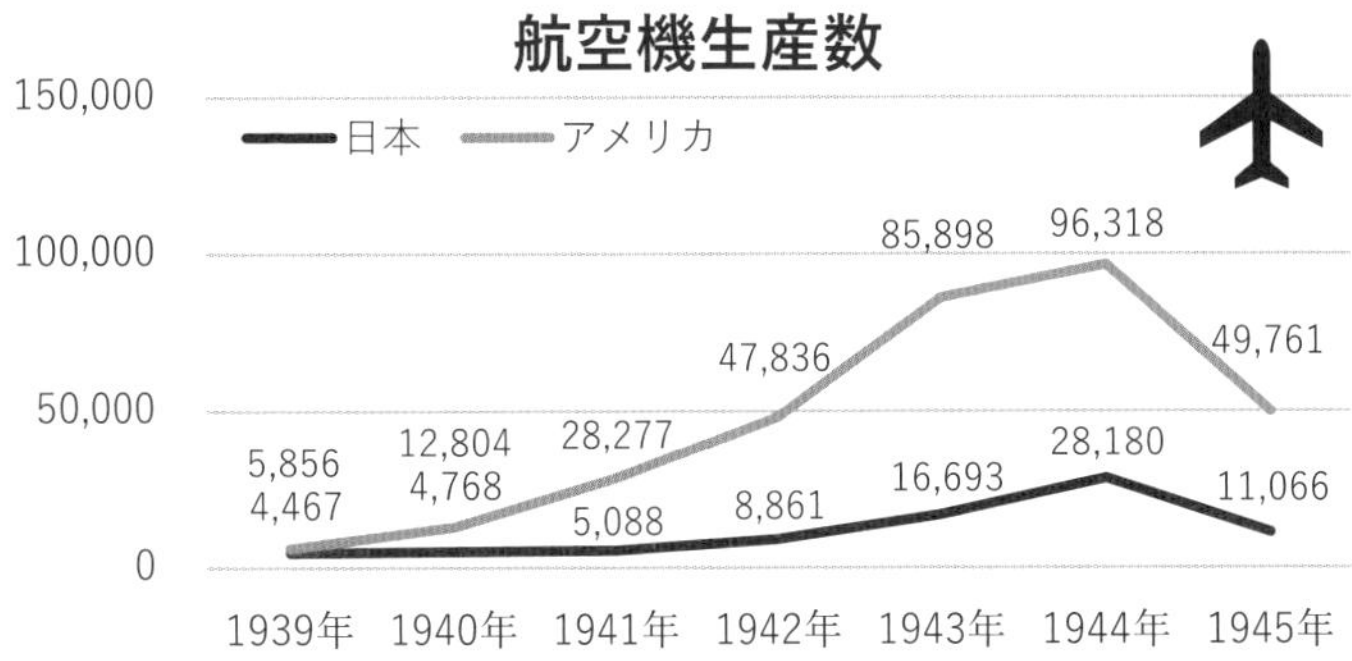

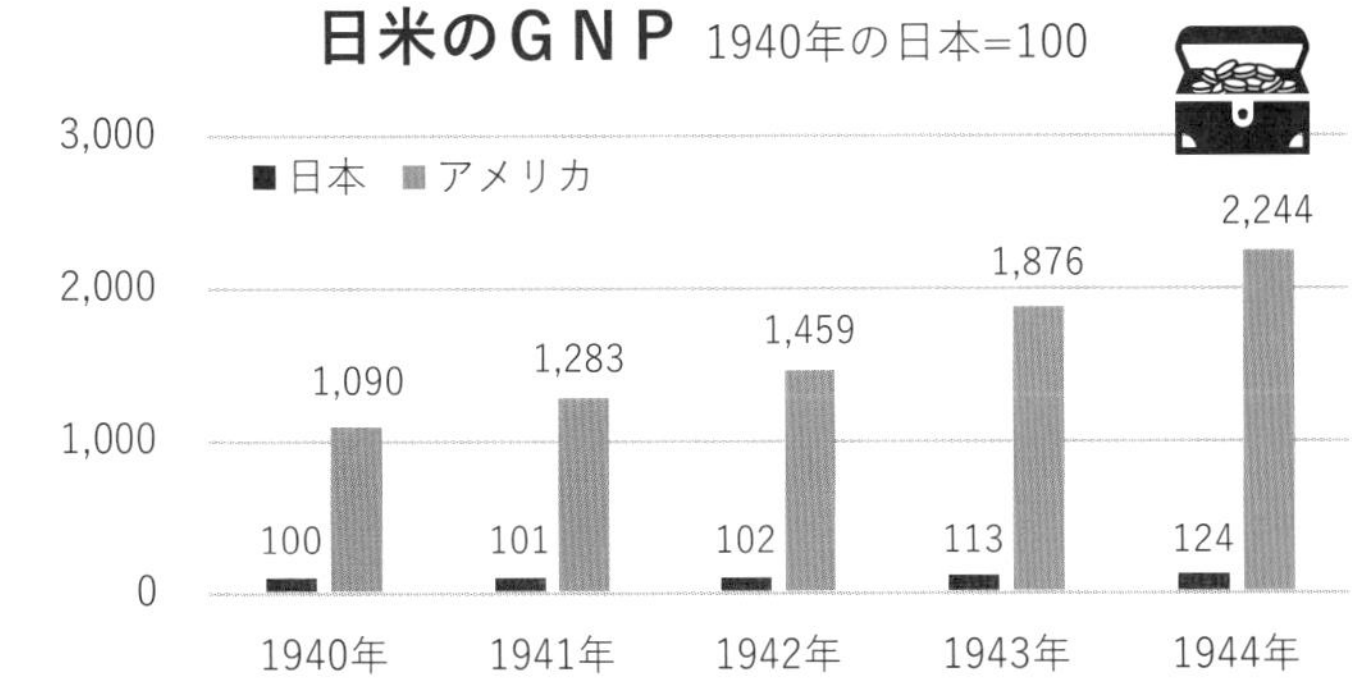

日米の国力差はとてつもなく大きかった。アメリカの GNP は実に日本の 10 倍以上。軍用機年間生産数も日本の２～４倍にも達していたのである。しかも日本には資源がなかった。誰が見ても勝負は明らかだった。

出所　文浦史朗　図解雑学 太平洋戦争（文章及び数値）

米軍による本土空襲の開始

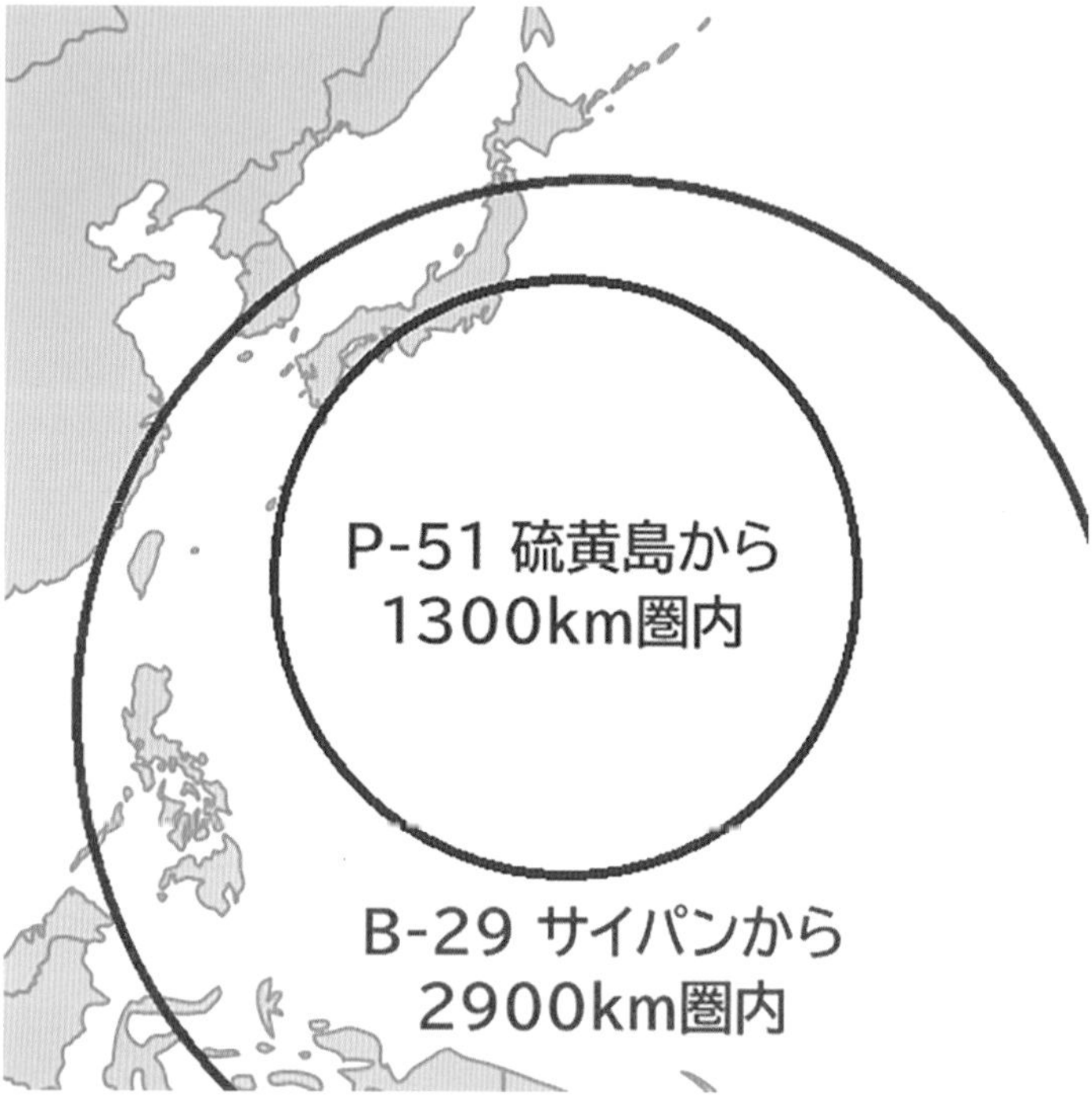

米軍は 1945 年 3 月 26 日に硫黄島を制圧後、B-29 の緊急着陸基地として利用開始。終戦までのべ 2551 機の B-29 が緊急着陸し、のべ 2 万 1304 名の搭乗員が救われた。

また、P-51 や P-47 などの護衛戦闘機も硫黄島から発進。B-29 を日本軍戦闘機から守り、被害の軽減に貢献した。

出所　文浦史朗　図解雑学 太平洋戦争（文章、図及び数値）

　　　地図は上記を参考に作成

御前会議の様子（1944 年の写真）

終戦の前日、1945 年 8 月 14 日の御前会議では、昭和天皇の「御聖断」により、日本はポツダム宣言を受諾し、連合国に降伏することを決定した。
この後に玉音放送が収録され、翌 8 月 15 日にラジオで全国放送されたことにより、多くの国民が知ることになった。
出所　Wikipedia（パブリックドメイン）

開戦時の内閣総理大臣 東條英機

出所　Wikipedia（パブリックドメイン）

終戦時の陸軍大臣 阿《あ》南《なみ》惟《これ》幾《ちか》①

出所　Wikipedia（パブリックドメイン）

終戦時の陸軍大臣 阿南惟幾②

右　阿南惟幾の墓

下　阿南惟幾の遺書、シミのような模様は阿南の血

一死以テ大罪ヲ謝シ奉ル

神州不滅ヲ確信シツヽ

出所　いずれも Wikipedia

（パブリックドメイン）

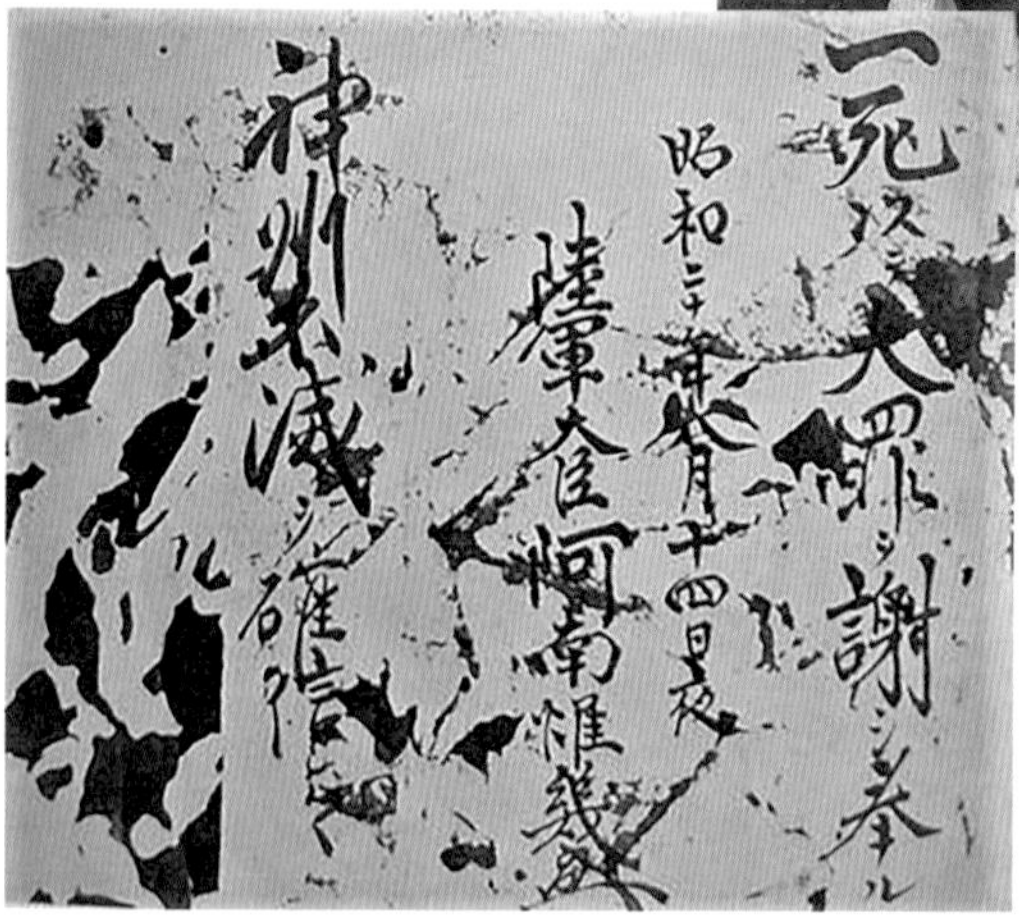

開戦前の各種シミュレーション結果

開戦前のシミュレーション結果

選択肢	想定される結果	対応する予測
開戦せず	△ジリ貧 **【戦わずして敗戦】** 2〜3年後には確実に国力を失う	・陸軍省戦略課 1941 年 8 月の物的国力判断での石油の問題における現状維持の想定
開戦する	×ドカ貧 **【非常に高い確率】** 致命的な敗北を喫する	・企画院の応急物動計画試案 ・総力戦研究所の 1941 年 8 月の提案 ・陸軍省戦略課 1941 年 1-3 月の物的国力判断と 8 月の船舶の問題における南方武力行使の想定 ・秋丸機関日本班『英米合作経済抗戦力調査』『独逸経済抗戦力調査』で長期戦になった場合
	○有利な講和 **【非常に低い確率】** イギリスの敗戦によるアメリカの交戦意欲喪失	・陸軍省戦略課 1941 年 8 月の物的戦力判断での石油の問題における南方武力行使の想定 ・総力戦研究所の 1941 年 1 月の演練 ・秋丸機関日本班『英米合作経済抗戦力調査』『独逸経済抗戦力調査』で短期でドイツが勝利した場合

出所　牧野邦昭『経済学者たちの日米開戦─秋丸機関「幻の報告書」の謎を解く』 2018 年

プロスペクト理論による実際の確率と主観的な確率との比較

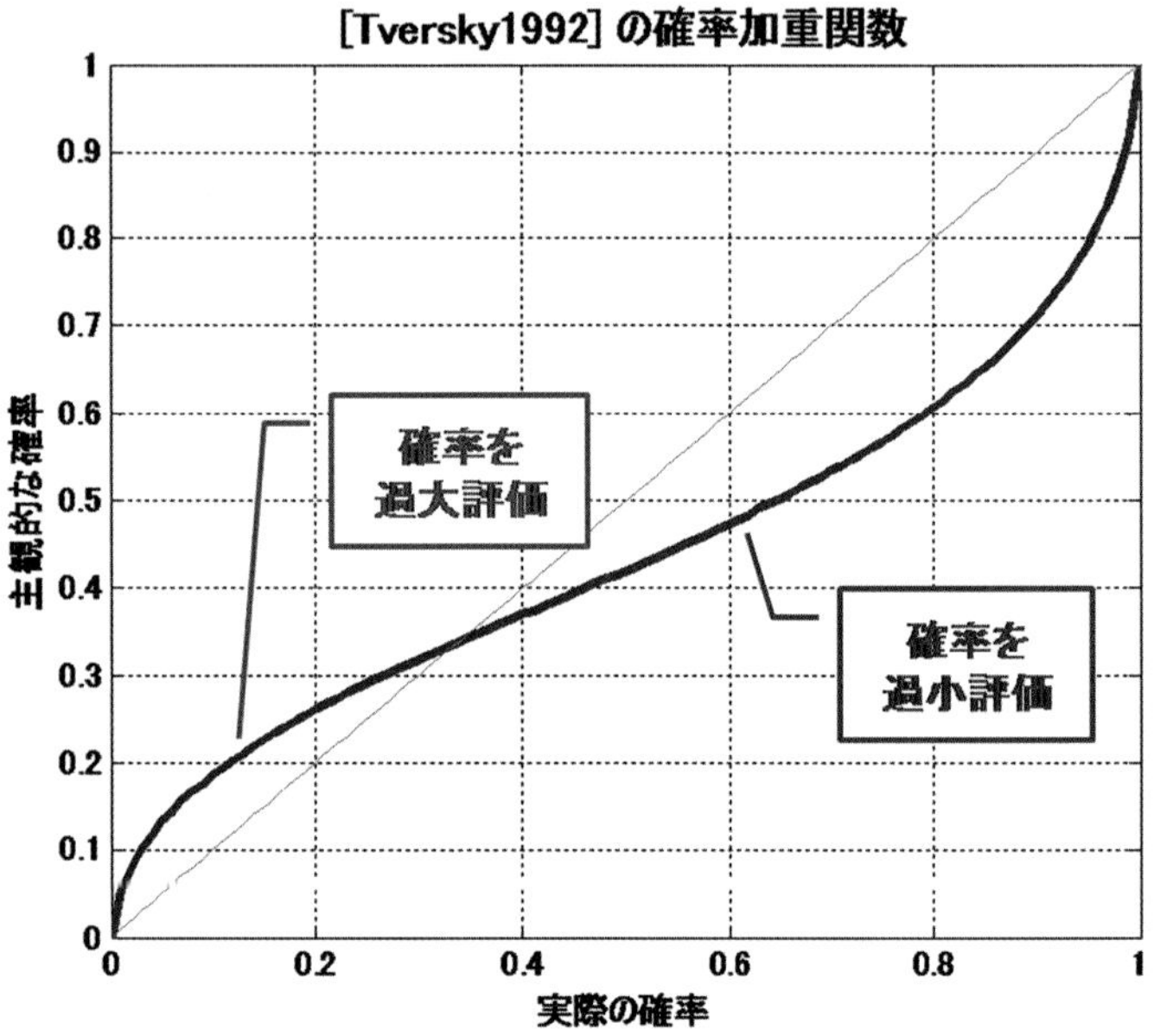

実際の確率が約０．３以下　確率を**過大**評価

実際の確率が約０．３以上　確率を**過小**評価

前頁のシミュレーション結果をプロスペクト理論で評価すると、「非常に低い確率」は0.3未満のため、**開戦しない方が有利。**

出所　未知への独り言　脳と経済　第９回　--- 神経経済学の行動経済学 プロスペクト理論３ ---

※計算の根拠は、A Tversky, D Kahneman. Advances in prospect theory: Cumulative representation of uncertainty. 1992.

戦争に対する国民の態度

上　日比谷焼打事件　出所　Wikipedia（パブリックドメイン）

下　南京陥落を祝う提灯行列　出所　パールセンター商店街歴史資料室

広島市への原爆投下

上　広島市の原爆ドーム
出所　Oilstreet CC BY-SA 3.0 DEED
右　エノラ・ゲイの乗務員が撮影した原爆投下によるきのこ雲
出所　Wikipedia（パブリックドメイン）

まえがき

山本七平氏の『「空気」の研究』は、彼の愛読者にとっては必読書であり、もちろん私も夢中で読みました。特にその冒頭部分、「日本の道徳は差別の道徳」の印象は強烈で、いかにも山本氏らしい「刺す」表現に圧倒されます。氏は、大東亜戦争の開戦や戦艦大和の特攻は、合理的な判断からではなく、いわゆる「空気」によるものだったと指摘。それゆえ、日米戦争の敗北は避けられない運命と納得させられました。

しかし、ある程度の年齢の方ならリアルタイムで経験したはずですが、30年後にはこの状況が一変します。言うまでもなく、エズラ・ヴォーゲル氏の『ジャパン・アズ・ナンバーワン』が典型です。戦後の日本経済は驚異的な成長を遂げ、１９８０年代後半のバブル期になると、外貨準備高、預貯金額、対外資産などで世界一を誇るようになります。こうなると、一部の知識人は有頂天になり、「もはやアメリカに学ぶところはない」とまで自慢するようになりました。日本人としては嬉しいのですが、戦後の歴史は連続していたはずなのに、いつのまにか評価がまったく逆になってしまったのです。これはおかしい、と少なからず疑問に感じました。

日本人が勤勉だったこともあるのでしょうが、国際情勢や人口ボーナスなどの幸運に恵まれたことは明らかです。実力を過信した日本人は、この後に経済政策を誤ってバブル崩壊に陥り、2010年にはGDPは中国に抜かれ、2023年にはドイツにも再逆転され、近い将来にはインドにも抜かれる見込みです。

しかし、冷静になって考えてみると、これらは極めて矛盾した現象ではないでしょうか。明治から敗戦までの日本の歴史は、基本的に連続しているはずです。日清・日露戦争に勝利した日本軍は、技術や規模こそ大きく違うものの、基本的に同じ戦略、戦術、枠組みで大東亜戦争に望んだはず。では、なぜあれほどまでに無残な敗北を喫したのか。それがなぜ戦後に逆転し、「東洋の奇跡」と言われるほどの高度成長を遂げたのか。また、『「空気」の研究』で日本の弱点は徹底的に解明されたはずなのに、本当に短所は克服されたのか……。

率直に感想を言わせていただけるなら、まったく変わっていないと感じます。

旧日本軍の一下級将校だった山本七平氏が、その生死をさまよう過酷な体験をベースにし、日本人のために全身全霊で書き上げた『「空気」の研究』。しかし、40年以上たっても、彼の労作が現実にほとんど影響を与えていないことは、極めて不思議なことであると同時に悲しいことです。本書は、このことについての私自身のための備忘録です。

2024年5月　著者記す

「空気の研究」の研究◉目次

ゲーム理論と進化心理学で考える
大東亜戦争開戦と御聖断のサイエンス

本書では、一部で敬称を省略させていただきました。

引用文中の太字と［］内は、特に断りがない場合は著者によるものです。

「太平洋戦争」は、当時の感覚を追体験するため、原則として「大東亜戦争」と表記します。他の用語も同様です。

『「空気」の研究』は、一部で『空気の研究』と表記しています。

序章　「空気の研究」の研究

赤の他人に無関心な日本人

山本七平氏の名著『「空気」の研究』には、多くの未解決問題が残されています。特に印象に残っているのは、冒頭にある「赤の他人」には無関心な日本人についてです。欧米に出かけると、見ず知らずの人からも気軽に挨拶されるのに対して、日本ではそのような光景は稀。この疑問に見事な解答を与えています。

＊　＊

ある教育雑誌の記者の来訪をうけ、「道徳教育」について意見を聞かれた。

（中略）

相手は「では、どのような点からはじめたらよいのでしょう」と言った。「それは簡単なことでしょう。まず、日本の道徳は差別の道徳である、という現実の説明からはじめればよいと思います」と私は答えた。

（中略）

私は簡単な実例をあげた。それは、「１９７４年に起きた」三菱重工爆破事件[★1]のときの、ある外紙特派員の記事である。それによると、道路に重傷者が倒れていても、人びとは黙って傍観している。ただ所々に、人がかたまってかいがいしく介抱している例もあったが、調べてみると、これが全部その人の属する会社の同僚、いわば「知人」である。ここに、知人・非知人に対する明確な「差別の道徳」をその人は見た。

＊　　＊

しかし、この記者は、差別の道徳なんて絶対に言えない……と繰り返しました。では、なぜ言えないのかと質問しても回答はなかったそうです。最後に山本氏はこうまとめています。

「日本の道徳は、現に自分が行っていることの規範を言葉にすることを禁じており、それを口にすれば、たとえそれが事実でも〝口にしたということが不道徳行為〟と見なされる。従って、それを口にしてはいけない。これが日本の道徳である。」と。

私は、ではなぜそういう「差別の道徳」が成り立っているのか、「日本の道徳は、現に自分が行っていることの規範を言葉にすることを禁じている」理由は何か……など、次々と疑問が湧いてきました。残念ですが、山本氏はこれらへの回答は用意していないようです。

人骨投棄作業でダウンした日本人

次も『「空気」の研究』に出てくる印象的な話です。

＊　　＊

イスラエルで、ある遺跡を発掘していたとき、古代の墓地が出てきた。人骨・髑髏《されこうべ》がざらざらと出てくる。こういう場合、必要なサンプル以外の人骨は、一応少し離れた場所に投棄して墓の形態その他を調べるわけだが、その投棄が相当の作業量となり、日本人とユダヤ人が共同で、毎日のように人骨を運ぶことになった。それが約一週間ほどつづくと、ユダヤ人の方は何でもないが、従事した日本人二名の方はすこしおかしくなり、本当に病人同様の状態になってしまった。ところが、この人骨投棄が終わると二人ともケロリと治ってしまった。この二人に必要だったことは、どうやら「おはらい」だったらしい。実をいうと二人ともクリスチャンであったのだが。

＊　　＊

ここでは、日本人は単なる物質から心理的、宗教的に大きく影響を受けるという「事実」についての説明があります。人間の骨は、カルシウムを主成分とする物質にすぎません。しかし、イスラエルの遺跡発掘現場では、出土した人骨や髑髏は日本人には強い影響を与えたが、ユダヤ人には影響を与えなかった。したがって、これは物質自体の科学的性質によるものではなく、物質の背後に何かが存在するという、日本人特有の感覚や信念、つまり「空気」によるもの、と山本氏は主張します。

彼によると、明治時代の啓蒙主義者たちは、このような信念を迷信とみなし、科学的な教育を通じてこれを排除すべきだと考えました。そして、日本人がなぜ物質の背後に何かを感じ取り、それに影響されるのか、その理由を深く探求することはしませんでした。いや、まったく反対に、そんなものは「非科学的」と決めつけて頭から馬鹿にし、「ない」ことにすることが科学的だと考えたのです。そうすれば、そのうち消えてなくなってしまうと……。

しかし、日本の伝統的な宗教観を認めるなら、これは『逆説の日本史』で有名な井沢元彦氏がよく話題にする、「御霊信仰《ごりょう》」で説明可能です。御霊信仰とは、不幸な死に方をした人の霊が祟り、天災や疫病などの災いをもたらすため、それをなだめ、「御霊」として祀《まつ》ることにより、祟《たた》りを免れようという信仰です。言い換えれば、こういう場合には、御霊を慰めるためには、一種の宗教的な儀式である「お祓《はら》い」が必要ということになるのです。

池田信夫氏の『「空気」の構造』

では、山本七平氏が存在を指摘した「空気」は、具体的にどのようなもので、合理的かつ統一的に説明できる方法はあるのでしょうか？　『「空気」の研究』は、現象面の記録としては、ほとんど完璧だと思うのですが、残念ながら理論的・体系的な説明が不足しています。この難問に挑戦したのが、池田信夫氏の『「空気」の構造』です。

池田氏は、日本の組織文化の特徴について、こう指摘します。

○組織のグループ単位で完結するタコツボ的自律性
○周囲の「空気」を読む行動様式
○「下克上」の文化の浸透

そして、これらの総合的な作用により、本来とるべき責任の所在が曖昧になり、組織の中核機能を弱め、長期的な戦略策定を難しくしていると主張します。そういう特徴は広く指摘されていますが、なぜ日本社会に顕著に存在するのかは明らかではありません。彼は、国際比較アンケート調査を通じて、日本人の思考や行動には特有のパターンが存在することを示しました。それらは次のとおりです。

○祖先には霊的な力がある……34か国中1位

○宗教を信じていない……93か国中5位
○自然を支配するのではなく共存する……60か国中1位
○リスクはすべて避ける……51か国中2位
○職場では人間関係がいちばん大事だ……81か国中1位
○仕事より余暇のほうが大事だ……79か国中1位
○余暇は1人で過ごす……34か国中1位
○自国に誇りをもっていない……95か国中4位
○国のために戦わない……90か国中1位

そして池田氏は、これらのデータから、「典型的な日本人」のイメージを作り上げると、

○宗教は信じていないが祖先信仰は強い
○自然を支配するより調和が大事
○職場では人間関係が大事だが、仕事より余暇優先で、余暇は1人で過ごしたい
○日本に誇りをもっていないので、国のために戦わない

だと結論付けます。確かに、私にはあてはまり過ぎていて、思わず苦笑いしてしまいます。もっとも、よく読んでみると、これらには一見すると矛盾するような項目も見られます。たとえば、「祖先には霊的な力がある」と「宗教を信じていない」が両立するのは奇妙です。また、「職場では人間関係がいちばん大事だ」とあるにもかかわらず、「余暇は1人で過ごす」もおかしい。それに、日本に誇りをもっていないので、国のために戦わないと思っているのに、20世紀の戦争で、「神州不滅」を信じて特攻したのも日本人ですし、福島第一原発事故の際の菅直人首相は、日本は「神のご加護」があったという感想を漏らしています。[★2] 実は、これら一見相反するような回答は、単なる「言葉のあや」であり、決して本質的には矛盾していません。そういう日本人の特徴は、今世紀の進化心理学などの研究により、徐々に明らかになってきています。これらについては、第七章で説明します。

池田信夫ブログからの刺激

２０２３年になって、大東亜戦争開戦、御聖断（口絵９頁）、原爆投下（口絵16頁）、ポツダム宣言など、私の周りでネット上での議論が活発に繰り広げられました。そして――まったく予想外だったのですが――前年の２０２２年に、前著『古代史サイエンス』執筆のため、日本の古代史の研究やゲノム解析を行ったことが、議論に非常に役に立ったのです。加えて、池田信夫氏のブログ「池田信夫ブログ」での進化心理学や宗教についての記事が刺激になり、これらを結びつけると、意外と「空気」の実体と性質を説明できるかもしれない……と、ふと思い付きました。

なぜなら、日本における「空気」の起源は、少なくとも水田稲作が始まった弥生時代、ひょっとすると、定住生活が始まった縄文時代にまで遡れるはずだからです。まさか、こういう形で古代史の研究が役に立つことになるとは……。

大東亜戦争の七不思議

大東亜戦争の戦記物は、山本七平氏の愛読者なら、好きな人も少なくないでしょう。私も昔散々読みましたが、特に不思議だったのは、

1　なぜ「突如」としてアメリカが1941年8月に対日石油禁輸措置を発動したのか

2　なぜ「必敗」の戦争を始めたのか（しかも昭和天皇以下、政府や軍中枢も軒並み反対）

です。その他にも、

3　戦艦大和特攻の本当の理由は何か
4　アメリカの原爆投下は本当に必要だったのか
5　昭和天皇の終戦での「御聖断」の経緯は本当に通説どおりなのか

などなど、山のように疑問が湧いてきます。多くの読者も同感するでしょう。しかし、これらの疑問には明確な解答はないようですし、少なくとも一般的な認識にはなっていないはず。なお、個別の戦闘については、野中郁次郎氏らによる名著『失敗の本質』に既に書き尽くされているため、本書では触れないことにします。

さて、この『失敗の本質』ですが、真摯な学問的態度で、大東亜戦争の敗戦の理由を探った、最も有名かつ本格的な研究であることに異議を唱える人はいないでしょう。野中氏らの結論をごく簡単にまとめると、「必勝の信念」で「死中に活を求める」と開戦したのはいいが、戦術がなっていなかったというものです。ところが、**極めて不思議なことに「戦術の失敗は戦闘で補うことができず、戦略の失敗は戦術で補うことはできない」とあるにもかかわらず、戦略の失敗については分析していないのです。**少々長くなりますが引用しておきます。

＊　＊

大東亜戦争（戦場が太平洋地域にのみ限定されていなかったという意味で、本書はこの呼称を用いる）において、日本は惨憺《さんたん》たる敗北を喫した。したがって悲惨な敗戦を味わった日本人が、戦後、なぜ敗けたのかを自問したのも当然であった。そして、やがて開戦前の状況についての真相が徐々に明らかになるにつれ、国力に人差ある国々を相手とした大東亜戦争は、客観的に見て、最初から勝てない戦争であったことが理解された。それゆえ、なぜ敗けたかという問いは、なぜ敗けるべき戦争に訴えたのか、という形の設問に転化し、歴史学や文明史・精神史の立場からさまざまの解答、説明が与えられた。つまり、開戦時における日本の指導者の誤断や愚かさ、あるいは政策決定の硬直性を指摘する研究や、アメリカが日本を戦争に引きずりこんだとする謀略・陰謀説や、ペリーによる開国強制以来の日米百年戦争論や、「西洋」に対する日本の挑戦に戦争の根源を見出す文明史・精神史的解釈等々が、さまざまに語られてきたのである。

もし読者がこのような戦争原因究明を本書に期待しているとすれば、読者はおそらく失望するであろう。というのは、**本書は、日本がなぜ大東亜戦争に突入したのかを問うものではないからである。**もちろん、なぜ負けるべき戦争に訴えたのかを問うことは、すでにいくつかのすぐれた研究があるとはいえ、今後も問い直されてしかるべきであろう。

しかし、本書はあえてそれを問わない。本書はむしろ、なぜ負けたのかという問いの本来の意味にこだわり、開戦したあとの日本の「戦い方」「負け方」を研究対象とする。

正直なところ、こんな著者たちの執筆態度について、私は極めて不可解かつ失望しました。繰り返しになりますが、『失敗の本質』の名文句は、「戦術の失敗は戦闘で補うことはできず、戦略の失敗は戦術で補うことはできない」だったはず。それなのに、なぜ「戦略の失敗」について分析しなかったのか。

＊　＊

そういう不満に応えるためか、最近では、広義の意味ではゲーム理論とも言える、行動経済学の「プロスペクト理論」で、この非合理的かつ奇妙な開戦の「真の理由」を解明しようというアプローチもあります。それは、牧野邦昭氏の労作『経済学者たちの日米開戦』です。そこで、

6　プロスペクト理論やゲーム理論で開戦が説明できるのか

という疑問も追加します。プロスペクト理論も面白そうだし、ついでにゲーム理論でも調べてみるか、と好奇心がむずむずしてきました。

幸いなことに、現象面の資料なら、本書のタイトルでもある『「空気」の研究』のほかにも、山本氏による『私の中の日本軍』『一下級将校の見た帝国陸軍』『ある異常体験者の偏見』など

など、材料には事欠きません。
また、調べていくうちに、

7　ヨーロッパ戦線の影響はどうだったのか

と、更なる疑問も湧いてきます。そういえば、私が読んだ日本語の文献では、海外の資料を調べたものは事実上ゼロ。これまた不思議……と次々に山のように多くの疑問が湧いてくるのですが、なかなか心底から納得できる説明が見つかりません。しょうがないので、他人を頼りにするのは諦め、少しずつ自分で調べ始めました。そんなとりとめもない思い付きですが、一冊の本にまとめることも多少は意味があるかと思い、ここに本書を上梓することにしました。

　最初は英語の文献に当たってみたのですが、定番のチャーチルやビーヴァーの『第二次世界大戦』は千頁以上の大作で、嫌になるほど分厚いのです。そこで、とりあえず気になる関連部分だけ、翻訳でさらっと読んでみました。当然と言うべきか、私が知りたい肝心なこと、たとえば原爆投下については、微妙にぼかしています。やはり、「歴史は勝者によって作られる」のでしょう。また、第二次世界大戦の中心となる戦場は、あくまでヨーロッパ戦線で、アジア戦線は――言い方は悪いですが――「おまけ」です。だから、つい最近まで、日本人が根気よく調べないと分からなかったのか……などなど、いろいろと物思いに耽《ふけ》りました。

「空気」の研究は「日本教」の研究でもある

そのほか、山本七平氏の言う「日本教」の理論的背景を探るため、進化心理学についての著書、具体的にはピンカーの『暴力の人類史』やグレーバーの『万物の黎明』も読んでみました。ただし、これらのデータはほとんどが欧米に偏っています。そこで、「目玉」となる戦闘による死亡率については、日本や中国における最近の研究成果を追加しておきました。なお、「日本教」というのは、池田信夫氏が説明しているように、日本人の不思議な思考法や行動を宗教になぞらえ、山本七平氏がそう名付けたもので、決して明確な教義を持つ宗教のことではありません。

そこで、山本七平氏の著作は、『「空気」の研究』に加え、イザヤ・ベンダサン名の『日本教について』など、日本教に関する著書も読み直しました。このほか、池田信夫氏や井沢元彦氏などの数多くの著作、ブログ、動画などからも、数多くの貴重なアイデアをいただきました。また、私の個人的な趣味になりますが、比較可能な身近な事例として、「新幹線」を取り上げます。

「いいかげんさ」こそが日本の底力

面白いことに、「空気」が絶対化することが、かえって日本の強みなのだという、一見すると山本氏とは正反対の論考もあるようです。これは、意外に一面の真理なのかもしれません。そんなに空気が有害なら、とっくの昔に日本人は滅亡しているはずだからです。コンサルティングが専門の秋山進氏は、次のように述べています。

＊　　＊

空気によって支配され、簡単になにものかが絶対化されつつも、すぐに絶対化の対象が移ろってしまう、このいいかげんさこそが、日本の底力なのかもしれないということである。この日本型の〝いいかげんさ〟を、私自身はずっと〝絶対的に悪い〟ことだと思ってきた。しかし、案外これこそが、日本社会を進化させ、結果として驚くべき柔軟さで変化に対応する日本社会の原動力なのかもしれない。生物の進化と同様、国家の進化も計画によるものよりも、行き当たりばったりの突然変異とその環境に適応した適者生存によって達成されているかもしれないのだ。

（すぐ空気に支配される日本人の「いいかげんさ」こそ国の底力である　プリンシプル・コンサルティング・グループ株式会社 代表取締役　秋山進、構成／ライター　奥田由意　ダイヤモンドオンライン）

この点も含め、「空気」の特性について、次章から多面的に探っていきたいと思います。

＊　　＊

★1　１９７４年8月30日に東京で発生した、極左の東アジア反日武装戦線「狼」による無差別爆弾テロ事件。連続企業爆破事件の１つ。丸の内にある三菱重工業の本社ビルが爆破され、8人が死亡し多数が負傷。その後に国内のテロ対策とセキュリティ対策が強化された。２０２４年1月25日には、東アジア反日武装戦線の桐島聡と名乗る人間が確認されたが、末期がんにより1月29日に死亡した。

★2　菅直人公式サイト「神のご加護」４号機プール

【ミニ知識】山本七平氏と『「空気」の研究』について

ウィキペディアなどを読むと、山本七平氏については次のような説明があります。

＊　　＊

彼は、1921年（大正10年）生まれで、1991年（平成3年）に生涯を閉じました。山本書店店主という個人企業の社長ですが、評論家としては、主に保守系マスメディアで活動を行いました。

1942年9月には、戦争中のため、青山学院専門部高等商業学部を21歳で繰上げ卒業。10月、第二乙種合格で徴兵され、陸軍近衛野砲兵連隊へ入隊。その後、甲種幹部候補生合格、愛知県豊橋市の豊橋第一陸軍予備士官学校に入校しました。

1944年5月　第103師団砲兵隊本部付陸軍砲兵見習士官・野戦観測将校（のち少尉）として門司を出航、ルソン島における戦闘に参加。1945年8月15日、ルソン島北端のアパリで終戦を迎える。同年9月16日、マニラの捕虜収容所に移送される。この後の経験が、独自の切り口の著作を続々と生み出します。

1970年　イザヤ・ベンダサン著『日本人とユダヤ人』を山本書店より発売し、ベストセラーになる。なお、イザヤ・ベンダサンは、山本七平氏のペンネームであることが、後に本人から明かされています。

1972年　文藝春秋より『諸君！』でのイザヤ・ベンダサン名の記事をまとめて『日本教について』を発売。

1977年　文藝春秋より『文藝春秋』の連載などをまとめた『「空気」の研究』を発売。

＊　　＊

さて、本書のタイトルでもある『「空気」の研究』についてですが、次にチャットGPTによる解説を示しておきます。これが世間の一般的な認識と言っていいでしょう。昔は夢中で繰り返し読んだのですが、改めて読み直してみると、新たな発見が多いことに気付かされます。

＊　　＊

山本七平の『「空気」の研究』は、日本の社会と文化を独特の視点で分析した作品です。山本七平は、社会学者や評論家ではなく、企業人のバックグラウンドを持つ著者であり、彼の著作は一般的な学術研究とは一線を画す内容となっています。

『「空気」の研究』では、日本社会における「空気」をキーワードにしています。ここでいう「空気」とは、人々の意思決定や行動に影響を与える、目に見えない社会的圧力や雰囲気のことを指します。この空気が、日本人の意思決定、コミュニケーション、行動の様式にどのように影響を及ぼしているかを分析し、日本の組織や集団主義的文化の特徴を探求しています。

山本は、日本の教育制度や企業組織が個人の意見や創造性を抑制し、周囲との調和を重んじる「空気」を作り出していると指摘します。このような空気の中では、明確なルールや命令がなくとも、何が望まれ何が避けられるべきかを人々が無意識のうちに感じ取り、それに従って行動することになります。

著者はまた、このような「空気」の存在が、日本の高度経済成長期には一定の機能を果たしたが、変化の激しい現代においては逆に革新の妨げになっていると論じています。山本七平は、「空気」を読むことの重要性を認めつつも、その支配力を超えて個々人の能力や創造性を伸ばすことの重要性を訴えています。

この著作は、日本独特の社会文化的要素を理解しようとする人々にとって重要な参考文献の一つとされ、日本社会に対する深い洞察を提供するものとして評価されています。

第一部　大東亜戦争「意志決定」のサイエンス

第一部のはじめに

大東亜戦争については、本当のことが知りたくて、それこそあらゆるジャンルから相当な数の本を、翻訳物も含めて読みあさりました。主なものを巻末の参考資料に掲げましたが、正直に白状すると、結構な年齢になった今でも、心底から納得できる説明に出会ったことがないのです。

かつて一般的だったのは、決定権を持つごく一部の人間、つまり当時の政府や軍首脳、究極的には昭和天皇が悪いという主張です。それは、**大日本帝国憲法の第1条に、「大日本帝国ハ万世一系ノ天皇之ヲ統治ス」とあるから、文字どおり天皇の責任であるはずだ**、というロジックです。

このバリエーションとしては、敗戦までの日本は立憲君主国だったのだから、**当時の首相だった東條英機が全責任を負うべきだ**、という主張もあります。帝国憲法第3条には「天皇ハ神聖ニシテ侵スヘカラス」とあり、政治的責任は免責されるからです。事実、開戦を決断した東条首相は、極東国際軍事裁判（東京裁判）において、戦争犯罪人としては最高ランクの「A級戦犯」として死刑を宣告され、まもなく刑を執行されました。しかし、このA級戦犯の指定は、1952年のサンフランシスコ平和条約発効後、国会議員の満場一致による決議で、1956年までに全員が解除され、名誉を回復しています。よって、これは論理的におかしいことになります。

まったく逆に、「一億総懺悔《ざんげ》」というのもあります。1945年8月28日に東久邇宮《ひがしくにのみや》首相が言ったように、当時の日本人全員が責任を負うという意味です。なぜなら、当時は男性に限られたとはいえ普通選挙だったから……。しかも、**戦争が始まってから総選挙を実施したのは、主要国では日本ぐらいです**。したがって、参戦国の中では最も「民主的」だったといってもいいはず。つまり、当時の憲法や法律にのっとり、正当な選挙によって選ばれた国民の代表である国会議員も納得して東條首相が就任したのだから、それなら**国民全員に責任があるということになります**。

その後、21世紀になってからは、加藤陽子氏の『それでも、日本人は「戦争」を選んだ』、森山優氏の『日本はなぜ開戦に踏み切ったか』、片山杜秀氏の『未完のファシズム』など、数多くの優れた論考が書籍という形で出版されています。

東京裁判の記録の中で、私が特に興味をそそられたのは、東條首相は、真珠湾攻撃に向かう艦隊の出撃を「事後」に知ったという証言です。そもそも、当時は陸海軍の統帥権は政府から独立しているとされ、**首相には真珠湾攻撃という海軍の作戦を承認する権限がない**とのこと。真珠湾攻撃計画の決定どころか、艦船出撃時点でも何も知らなかったというのは驚くべき事実ですが、意外に知られていません。

繰り返しになりますが、当時の政府の最高権力者だったはずの東條首相は、陸海軍の作戦行動について——少なくとも公式には——事前に何も知らされていなかった。よって、作戦行動の「立案実行を承認した」ということはあり得ないし、開戦日時についても同様です。常識的に考えて、これで「国家総力戦」が可能だとは絶対に言えませんし、そもそも作戦行動にタッチできない東條首相は、戦争の全責任を負うべきなのかも極めて疑問です。

現在の平和な日本でさえ、首相が陸海空自衛隊の「最高司令官」です。最高司令官が作戦を把握不可能で、総合調整も指示もできないことは、論理的にも組織論的にあり得ない。こう考えると、**東條首相が大東亜戦争の全責任を負うべきだという主張は、論理的に成り立たないはず**です。

現在の基準で考えると、これは既に開戦時に日本のガバナンスが崩壊していたということになります。帝国憲法を設計した明治の元勲たちは、こんな状態で国家の「総力」を挙げた戦争をするなんて、まさか夢にも思っていなかったはず。少なくとも、ヒトラーどころか、文民出身のルーズベルトやチャーチルも、自軍の作戦内容やスケジュールを「事後」に知るなんてあり得ない。組織運営の鉄則は、権限が明確なことと、信賞必罰が徹底していることです。なぜこんな奇妙なことになってしまったのか。

次章からは、種々の資料と実データに基づいて、これらの奇妙な出来事について、なるべく論理的に考えていこうと思います。

第一章　開戦のサイエンス

漠然とした疑問

　私はミリタリーオタクでも、歴史マニアでもありません。ただただ、大東亜戦争開戦の「本当」の理由を知りたくて、多くの本を読み漁りました。単純に好奇心から事実が知りたかったからです。しかし、残念なことですが、やっぱり**何が原因なのか理解できず、徒労感だけが残りました。**人口世界一の中国だけではなく、経済力・軍事力が世界一のアメリカ（口絵5〜7頁）と「同時」に戦うなんて、まさに狂気の沙汰です。「竹槍でB29は落とせない」「窮鼠《きゅうそ》猫をかむ」、人間は追い詰められれば、誰でも非合理なことをする。いや、当時の首相だった東條英機、軍部首脳、はては昭和天皇、あるいは煽《あお》ったマスコミが悪いとか、敗戦については、ありとあらゆる説があります。前述のように、このことは『失敗の本質』にも記されています。

　確認可能な唯一の客観的事実は、「突如」として発動されたアメリカの対日石油禁輸により、日本は「一か八か」「死中に活を求める」賭けに出たということです。しかし、これはよく考えると相当おかしい。少しでも勝つつもりがあったなら、少なくとも目的、戦略、補給ぐらいは考えるはずです。同時に、プランB（代替案）として、戦況が不利になった場合の対策――たとえば講和の仲介をどの国に頼むか――も想定しないとおかしいはず。しかし、現在まで、「国家総力戦」として、そんなことをまとめた、あるいは公開はできないけれど極秘案があったという話は聞きません。最近になって、秋丸機関の報告（林千勝『日米開戦 陸軍の勝算』、牧野邦昭『経済学者たちの日米開戦』など）についての情報が出てきていますが、少なくとも国策として決定はされていません。なにしろ、昭和天皇は東條首相に開戦を回避することを強く指示、そして御前会議では例の有名な、

「よもの海　みなはらからと　思ふ世に　など波風の　たちさわぐらむ」

という、明治天皇の歌まで詠んで、自らの希望を強く知らせているのです。

昭和天皇を尊敬し、忠実な部下であった東條は、「聖意は開戦を回避」、海軍も連合艦隊司令長官・山本五十六が言ったように、「半年や1年は存分に暴れて見せます」、しかしその後は分からない、つまり、昭和天皇はもちろん、当時の政府や軍首脳はほとんど開戦に反対だったの

です。ところが、結果はまったく逆で、「必勝の信念」で開戦という結果になりました。昭和天皇の指示を守れなかった東條首相は、開戦決定後に号泣したとも伝わります。

では、本当になぜ開戦したのか。クーデターが起こる可能性があったからか？　それとも、軍が狂信的に組織や権力を拡大したかったからか？　いや、いくら軍がそう考えても、当時は普通選挙だから、広範な国民の支持がなければ開戦は到底無理です。では、国の愚民化政策で、当時のバカな国民が、新聞やラジオで「洗脳」されて賛成したからか？　確かに、メディアは開戦を煽り、開戦してからの同調圧力も大きかったことは事実です。よって、そういう面も否定できないでしょう。しかし、新聞などのメディアは基本的に商業ベースなのだから、民意に反したものは生き残れません。つまり、いくら考えても、開戦は相当数の国民が支持していない限り不可能という結論になります（同じことは、最近の新型コロナにおける「ワクチン接種」や「マスク警察」でも感じました）。

このことは、A級戦犯解除の際の「全会一致」の国会決議にも現れています。つまり、当時の国民は、開戦は政治のせいではなかった、と実感していたということです。もっとも、軍に関するアレルギーだけは残りましたが……。

開戦の経緯

池田信夫氏は、この摩訶《まか》不思議な「意志決定」について、彼の著書『「空気」の構造』でこう述べています。

○太平洋戦争の開戦までの過程で印象的なのは、**最初から最後まで対米戦争の目的がわからないことだ**。

○詳細にみても、**いつ誰が開戦を決めたのかは不明**で、「これでよく開戦の意思決定ができたものだと、逆の意味で感心せざるを得ない」。

まさしくそのとおり、日米開戦は最初から決まっていたものではなかったのです。これは、池田氏に限らず、多くの人が一致する結論です。『昭和天皇拝謁記』にも、

○東條内閣の時は既に病が進んで最早どうする事も出来ぬという事になっていた

○事の実際としては下克上でとても出来るものではなかった

とあります。

次に開戦までの年表を示しておきます。1941年8月1日付でアメリカが対日石油全面禁輸措置を発動し、それが開戦の直接のきっかけになったというのが通説ですが、確かにそれまで急いで開戦準備を進めていた様子は見られません。

1922年　ワシントン軍縮会議　軍艦対米英7割に制限
1929年　ブラックマンデー（アメリカの大恐慌が日本にも波及）
1930年　ロンドン軍縮会議　補助艦対米英7割に制限
1931年　満州事変
1932年　五・一五事件
1933年　国際連盟脱退
1936年　軍縮会議脱退　二・二六事件
1937年　日中戦争開始（支那事変）
1939年9月1日　ドイツがポーランドに砲撃し、第二次世界大戦が勃発
1940年7月〜1941年5月　バトル・オブ・ブリテン（最後はドイツが撤退）
1940年9月27日　日独伊三国同盟
（1940年までにドイツはヨーロッパの大部分を制圧）

１９４１年６月22日　独ソ戦開始
１９４１年７月26日　アメリカが在米日本資産凍結実施
１９４１年８月１日　アメリカが対日石油全面禁輸措置を発動
１９４１年11月20日　日本がアメリカに対米交渉要領乙案（最終案）を提示
１９４１年11月26日　アメリカがハル・ノート（事実上の最後通牒）を提示
１９４１年12月１日　御前会議で開戦決定
１９４１年12月８日　アメリカとイギリスに宣戦布告、マレー作戦と真珠湾攻撃
１９４５年８月15日　玉音放送により日本がポツダム宣言を受諾し降伏
１９４５年９月２日　東京湾のミズーリ号上で降伏文書に調印

主な報告書や書籍は次のとおりです。

○陸軍・秋丸機関の報告　１９４１年７月頃
○内閣・総力戦研究所の報告　１９４１年夏
○バイウォーター（石丸藤太訳・解説）『太平洋戦争と其批判』１９２６年

これらに共通した結論は、対米開戦後に長期戦（概ね3年以上）になった場合は、必ず日本が負けるということでした。ただし、陸軍参謀本部だけは、なぜかドイツの軍事力を過大評価していたようですが……。

昭和天皇独白録

アメリカの対日石油禁輸については、『昭和天皇独白録』にこうあります。

＊　　＊

之では日本は戦はずして亡びる。

実に石油の輸入禁止は日本を窮地に追込んだものである。かくなつた以上は、万一の僥倖《ぎょうこう》に期しても、戦つた方が良いといふ考が決定的になつたのは自然の勢と云はねばならぬ、若しあの時、私が主戦論を抑へたらば、陸海に多年錬磨の精鋭なる軍を持ち乍ら、ムザ〳〵米国に屈伏すると云ふので、国内の与論は必ず沸騰し、クーデタが起つたであらう。実に難しい時であつた。その内にハルの所謂《いわゆる》最后通牒が来たので、外交的にも最后の段階に立至つた訳である。

＊　　＊

この『昭和天皇独白録』には、注としてジョン・ガンサーの『マッカーサーの謎』からの引用があります。それは、１９４５年９月27日に昭和天皇がはじめてマッカーサー元帥と会見したときに、自分は戦争を防止したかったが、現実的には無理だった理由についてで、これとほぼ同じ内容を述べているのです。

アメリカによる〝突然〟の対日石油禁輸

ここで、私も含めて、多くの人が疑問に思っているのは、

１　直接的に対米戦を決意させたのは、アメリカの〝突然〟の対日石油禁輸だが、その本当の理由は何か

２　対米戦は長びけば負けるのは明らかなのに、日中戦争が泥沼化しているのにもかかわらず、なぜ「必敗」の戦争を始めたのか

１の対日石油禁輸の理由については、現在でもよく分からない人が多いはず。少し古いのですが、次の２００７年７月の朝日新聞記事が典型です。

＊　＊

「戦死者に申し訳ない」という呪縛（２００７年12月30～31日）

■奇妙な戦争　石油禁輸が契機に

（…）奇妙な戦争はなぜ起きたのか。その答えを探るにあたって、１９３７年7月の日中戦争勃発《ぼっぱつ》後の経過を「前号のあらすじ」風にざっとふりかえりたい。

日本は首都・南京を陥落させれば中国は降伏すると思っていたが、蔣介石《しょうかいせき》（チアン・チェシー）率いる国民政府は奥地の重慶を臨時首都にして抗戦を続け、イギリス、アメリカも支援した▼日中戦争は泥沼状態となり、日本軍は対米英開戦までに実に18万8千人余の戦死者を出した。一方、ヒトラー率いるドイツが欧州で戦争を始め、フランスやオランダを降伏させた▼日本はドイツ、イタリアとの三国軍事同盟を結び、アメリカ、イギリスに圧力をかけようとした▼だがこれが裏目に出て、アメリカの強硬姿勢を招く。当時、日本が石油輸入の大方を頼っていたアメリカは、41年8月に全面的な輸出禁止を決定する――。

日本はアメリカの石油禁輸によって、それまでとは全く異なる局面に立たされ、重大な判断を迫られることになる。

＊　　＊

2にあるように、長期戦なら必敗なのに開戦するなら、「短期かつ必勝」の作戦を立てたはず。しかし、奇妙なことにそういう形跡はありません。当時の日本は事実上軍部独裁です。**戦争の勝利を絶対かつ究極の目的とする軍部が、「必敗」の戦争を始めることは論理的にあり得ないはず。**そこで、次章ではプロスペクト理論とゲーム理論で理由を探り、これらの理論が正しいかどうか、山本七平氏や井沢元彦氏の著作などで検証することにします。

参考までに、口絵5頁と次頁から石油や国力差などのデータを示しておきますが、いくらなんでも、これだけ差があることが事前に分かっていたなら、アメリカに勝てると考える人は誰もいなかったでしょう。もっとも、石油のデータは当時は軍事機密とされ、情報の取り扱いも極秘であったため、正確に知っている人間はごく少数でした。

なお、戦争が長期化すると、兵器の製造にも支障が出てきます。世界最大最強を誇る戦艦大和の建造の中核だったのは、呉海軍工廠にあったドイツ製の工作機械です。当時の日本では、高性能なものは国産化できず、ドイツやアメリカからの輸入品が大半でした。技術は日進月歩ですから、当然ながら工作機械の性能も年々向上します。しかし、輸入ができない日本は、旧式の機械を使い続けるしかありません。戦争末期になると、戦闘機などの性能でアメリカに差を付けられたのは、このような理由もあるのです。

日本の石油の依存度（1940年）

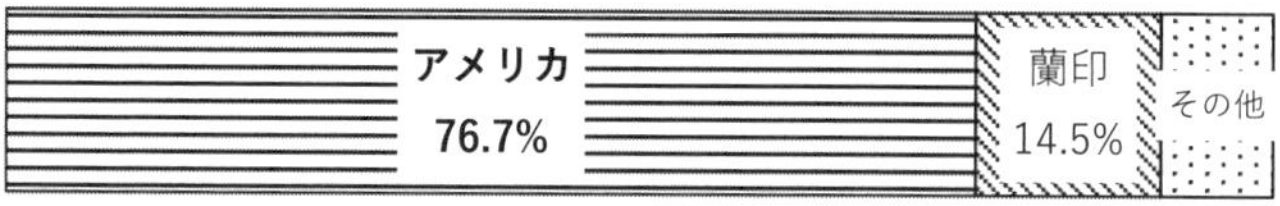

各国の年間石油生産量（万トン）

年	日本	アメリカ	ドイツ	イギリス
1941年	−	−	9.6	13.9
1942年	1.8	183.9	11.2	11.2
1943年	2.3	199.6	13.2	15.8
1944年	1.0	222.5	9.5	21.4
1945年	0.1	227.2	?	16.6

石油がアキレス腱だった日本

現在と同様、日本は国内に油田を持っていなかった。そのため、外国から輸入していたのだが、その8割を“仮想敵国”アメリカに頼っていたのである。また同盟国ドイツも、同様に石油不足問題を抱えていた。

出所　文浦史朗　図解雑学 太平洋戦争（文章及び数値）

開戦時の日米戦力の比較

種類	アメリカ	日本
戦艦	17	10
航空母艦	7	9
重巡洋艦	18	18
軽巡洋艦	19	20
駆逐艦	214	112
潜水艦	114	64
合計隻数	389	233
合計トン	142.6万	97.6万

開戦時の日米戦力は同等

開戦時の日米戦力を比較すると、合計では日本が劣っていた。しかし、アメリカはヨーロッパ方面の戦力も確保する必要があり、太平洋方面に限ると、やや日本が上回ることになる。開戦が遅れるほど、生産力で劣る日本には不利になるため、政府・軍首脳は結果的に早期開戦論に傾いた。

出所　文浦史朗　図解雑学 太平洋戦争（数値）

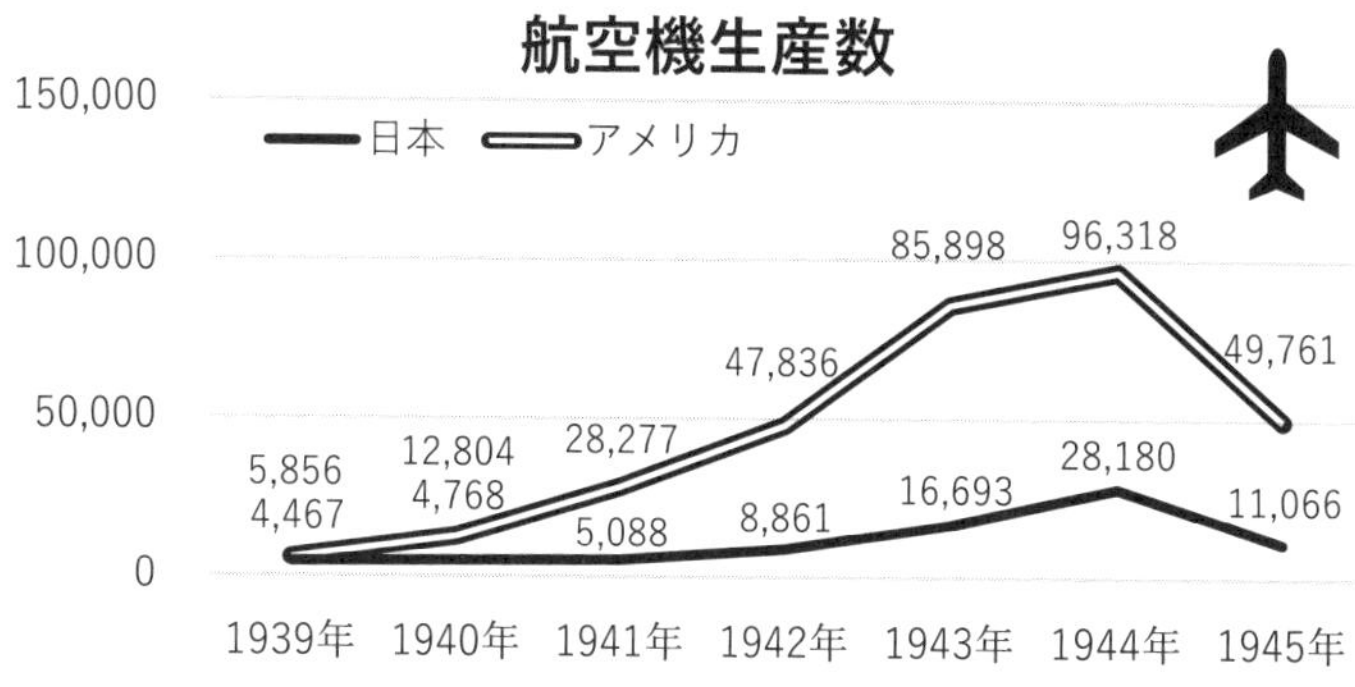

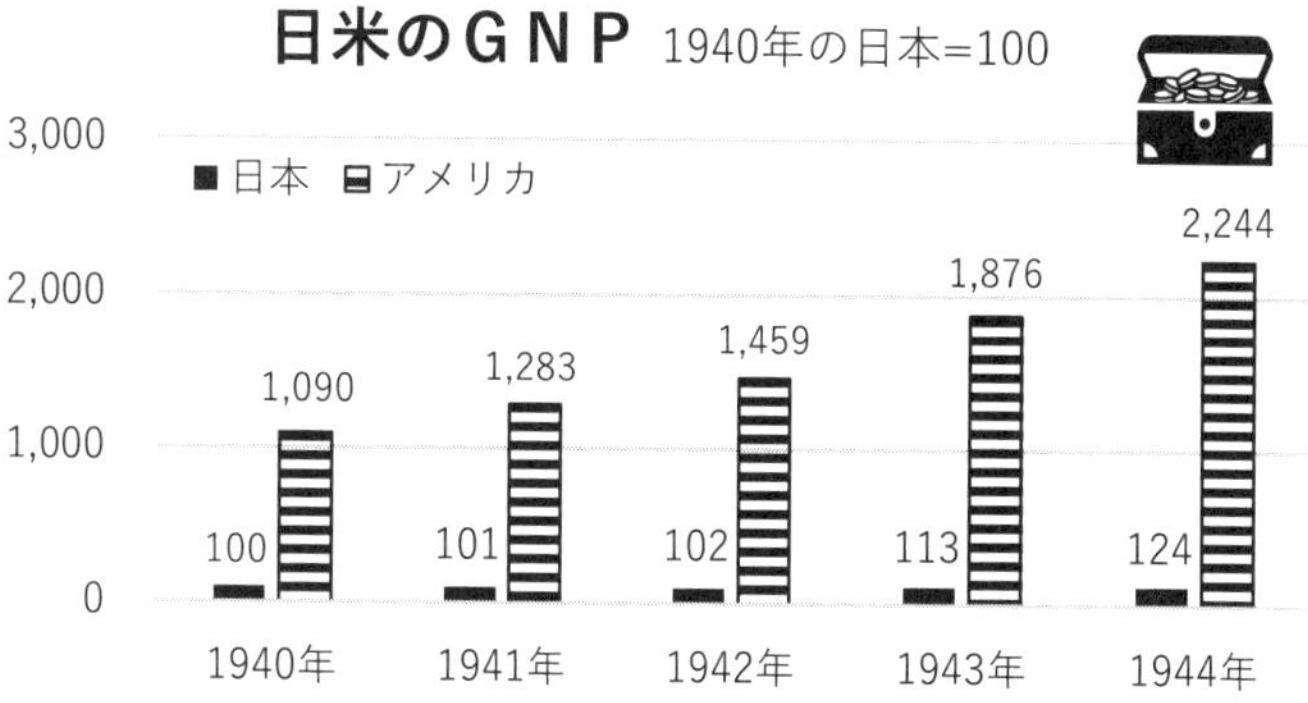

明らかだった日米の国力差

日米の国力差はとてつもなく大きかった。アメリカのGNPは実に日本の10倍以上。軍用機年間生産数も日本の2～4倍にも達していたのである。しかも日本には資源がなかった。誰が見ても勝負は明らかだった。

出所　文浦史朗　図解雑学 太平洋戦争（文章及び数値）

対日石油禁輸の真相

ところで、1のアメリカの対日石油禁輸措置の発動の理由については、既に結論が出ています。簡潔に説明しておきましょう。

川田稔氏の『昭和陸軍全史3』などによると、1941年当時のスターリンは、独ソ戦をまったく予想していなかったとのこと。このため、同年6月に突如としてドイツから猛攻を受けたソ連軍は、ヨーロッパ最強の機動部隊により、極めて危機的な状態に陥ります。驚いたルーズベルトは、イギリス支援用の軍需物資を、急遽ソ連向けに振り替えるなどの緊急措置をとり、イギリス政府も了承。同書はこう指摘します。

* *

もし、ソ連の対独戦線が崩れれば、ソ連は屈服し、再びドイツが「1941年5月に終了したバトル・オブ・ブリテンを再開し」イギリス本土侵攻に向かうとみられていたからである。その対英攻撃は前年よりはるかに強力なものとなり、イギリスに本格的な危機が訪れると考えられていた。**イギリスの敗北は、アメリカにとってヨーロッパでの足がかりを失うことになり、安全保障上の許容し得ない状況に陥ることを意味した。**

* *

第五章で説明しますが、石油禁輸には、当然ながら、日本がアメリカに宣戦布告するように誘導するという目的もあります。日米が開戦すれば、日独伊三国同盟があるため、ドイツは自動的にアメリカに宣戦公布。これにより、アメリカはドイツとの戦争に突入し、念願だったイギリスへの援助の大幅強化が可能になるのです。

ちなみに、川田氏の『昭和陸軍　七つの転換点』でも、「アメリカが日本への石油全面禁輸に踏み切ったのは、日本の対ソ攻撃を阻止するため」「スターリンのＳＯＳ」とあり、このことを裏付けています。これは、ソ連がドイツに対して早期に講和しても同じことで、ドイツはイギリス本土侵攻を再開するため、アメリカやイギリスにとっては、**どうしても対日石油禁輸を実施するしかない、極めて切実かつ絶対的な理由があったことになります。**

バトル・オブ・ブリテンの予想外の影響

こうなると、不思議なのは独ソ戦がなぜ始まったのかです。それは、**直接的には、「バトル・オブ・ブリテン」でドイツが敗退したから**とされます。

当初のヨーロッパ戦線では陸戦が中心で、１９３９年９月の開戦以来、ドイツ機動部隊による連戦連勝が続き、短期間でヨーロッパ大陸のほぼ全土を制圧しました。１９４１年の地図を見ると、当時のヨーロッパ大陸はほとんどドイツ占領下です（口絵４頁）。そこで、ついにドイツはイギリスにもその矛先を向け、１９４０年７月にバトル・オブ・ブリテンを開始します。

イギリスはヨーロッパと陸続きではないため、当然ながら戦車は使えず、ドイツの誇る名戦闘機メッサーシュミット、そしてイギリスのスピットファイアーとの空中戦対決となりました（次頁）。しかし、メッサーシュミットの性能を過信したドイツは見事に失敗。イギリスのレーダーが優秀だったなど、いろいろな理由が指摘されていますが、最大の理由はメッサーシュミットの航続距離が短か過ぎたことでしょう。

なにしろ、メッサーシュミットは、イギリス上空ではせいぜい30分しか戦えなかったのです。いくらパイロットやメカの性能が勝っていても、イギリスが誇るレーダーで探知して待ち構え、30分間もちこたえればいいのですから、ドイツが制空権を取れるわけがない。もっとも、戦闘機に補助燃料タンクを搭載すれば、航続距離は大幅に伸びます。だから、性能で勝るメッサーシュミットと補助燃料タンクを組み合わせれば、ドイツはスピットファイアーに絶対に勝てたはず。なぜ使わなかったのかは謎ですが、ヒトラーがメカや戦略に〝素人〟だったかもしれません。

バトル・オブ・ブリテンで活躍した英独の戦闘機

上　イギリスのスピットファイアー

下　ドイツのメッサーシュミット Bf109

出所　いずれも Wikipedia（パブリックドメイン）

興味深いことに、この点については、チャーチルがノーベル文学賞を受賞した『第二次世界大戦』には明確な記述がありません。その代わり――当然ですが――勇敢なイギリス人パイロットとスピットファイアーを絶賛しています。これまた不思議なことに、その後しばらくして、やはりイギリス人のビーヴァーが執筆した『第二次世界大戦1939―45』では、この点が明確に書いてあります。繰り返すようですが、やはり「歴史は勝者によって作られる」のかもしれません……。

独ソ戦を絶対に必要としたドイツ

話が少しそれました。では、なぜ独ソ戦が始まったのか。定説はないようですが、2013年に発見された「秋丸機関の研究報告書」が正しいとすれば話は簡単です。[★1★2] 次頁にあるように、1941年6月に独ソ戦が開始された時点で、**ドイツの生産力は既に限界に達しており、ソ連の生産力が喉から出るほど欲しかった**からでしょう。

第一次大戦後のアメリカは、ウィルソン大統領が提唱した国際連盟でさえ、議会の猛反対で加盟できなかったように、極めて孤立主義的な態度をとっていました。このため、中立法による制限で、議会の了承なしにはヨーロッパ戦線には参戦できなかったのです。そこで、苦肉の策として武器貸与法を成立させ、イギリスを援助するために武器を貸し与えていたのですが、

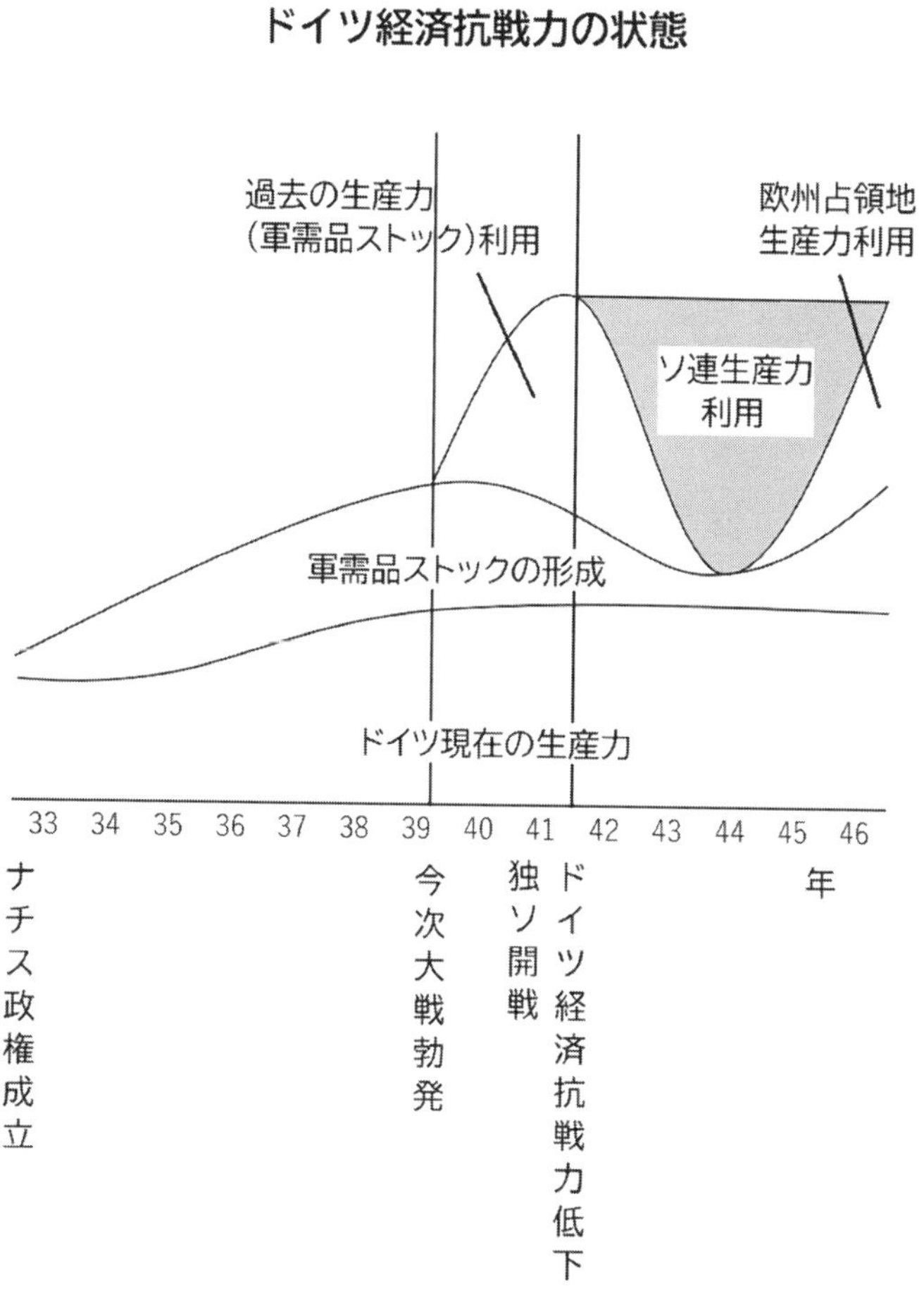

出所　林千勝『日米開戦　陸軍の勝算』2015年

それにも自ずと限界があります。これは、現在のアメリカからウクライナへの武器貸与を連想させます。

以上のことから分かるのは、**第二次世界大戦の「メイン」はあくまでヨーロッパ戦線で――これは当時の国力、軍事力、人口から言って当然ですが――アジア・太平洋はさして重要ではない「サブ」に位置付けられていたということです。だから、いくら日米関係を緻密に分析しても、明快な結論は出ません。**その反対に、ヨーロッパ戦線のサブと考えると、意外と簡単に理解できるようです。

日本はよくインテリジェンスに弱いと言われますが、政府や軍中枢ではそんな的確な分析をしていたようには思えません。お恥ずかしい話ですが、少なくとも私は最近までまったく知りませんでした。

また、当時中国大陸を支配していた中華民国ですが、総統・蔣介石の夫人である宋美齢《そうびれい》は、極めて優秀なスポークスパーソンでした。彼女はアメリカに留学したクリスチャンであり、祖国のために東奔西走し、アメリカ世論に大きな影響を与えたとされます。このように、当時の日本は、海軍の正面装備でこそ対米7割を誇っていましたが、情報戦や宣伝戦では圧倒的に遅れていたのです。残念ながら現在でもさほど改善されたとは思えず、日本人にとっては耳の痛い話です。これについては、第三章でも説明します。

日本軍は「ダメな会社」だったのか

言うまでもありませんが、戦前の軍中枢の判断は、「ダメな会社」の意思決定に似ています。劣勢だった日清・日露戦争をしぶとく勝ち抜いた明治に比べると、残念ですが昭和は大きく劣化してしまったのかもしれません。

しかし、これは考えてみると不思議です。明治から昭和まで歴史に断絶があるとは思えず、組織や考え方はそのままですし、制度や運用もさほど変わったとも思えません。さらに不思議なのは、その後の日本経済は〝突如〟として高度成長時代に突入し、一時はアメリカに次ぐ世界第2位の経済大国にまで上り詰めたことです。そういえば、戦前の日本は、米英に次ぐ世界第3位の海軍国でした。日本がダメというなら、これらについても統一的に説明できないとおかしいはず。

それに、大東亜戦争の開戦には、これだけでは説明できない理解不能な謎が数多くあります。

1　海軍は、本当に潜在的敵国（アメリカ）から石油の8割を輸入しながら戦争するつもりだったのか？

冗談としては面白いのですが、本当に何も考えていなかったのでしょうか。石油の備蓄は1年半しかないから、有利なうちに真珠湾を一撃で壊滅させればアメリカと講和できる……というのは、誰が考えてもまったくの妄想としか思えません。

その理屈が正しいとするなら、2014年にロシアが電撃作戦でクリミア半島をあっさり占領したら、ウクライナはロシアと屈辱的な講和条約を結んでいたはずです。もちろん、そんなことがあり得ないことは、わざわざ考えるまでもなく明らかでしょう。

そしてまた、陸軍が自信満々で、「半年で片付ける」と大見得を切った支那事変が泥沼化していたのだから、これに加えてアメリカと戦争しても勝てる見込みはまずない。既に説明したように、軍事用の石油は8割がアメリカからの輸入、残りのほとんどはソ連と蘭印（インドネシア）。開戦すればどちらも敵国になるのは間違いありません。そしてまた、海軍の石油備蓄は1年半しかない。これでは、いくら正面装備が対米7割だとしても、1年半で片が付くとは誰も信じていないはずです。また、

2　国家総力戦を予想していたのに、戦費はどこから調達するつもりだったのか?

日清・日露戦争とは違って、戦費が海外で調達できないため、戦争をするためには、戦時国

債を国民に引け受けてもらうしかないのです。「国家総力戦」なのだから、当時の貧弱な日本の経済力では、世界一のアメリカに勝てるはずがありません。石原莞爾《かんじ》の言うように、戦争するためには、まずは「先立つもの」が必要です[★3]。おかげで、敗戦で経済がボロボロになった日本には、すさまじいハイパーインフレが襲いかかり、物価は一挙に100倍になりました。さらに、

3　長期戦になれば負けることは、少なくない人が事前に予測しており、しかもその予測を書いた本は、日本でもベストセラーになっていた

奇妙なことに、情報統制のせいでもないのです。長期戦になれば負けることは、後述するように、1925年にイギリスの有名な軍事評論家であるバイウォーターが『太平洋大戦争』[★4]で予測し、これを海軍少佐・石丸藤太《とうだ》が翻訳・解説した『太平洋戦争と其批判』は1926年に出版。日本でもベストセラーになっていました。つまり、軍が情報を非公開にしていたわけでもありません。日清・日露戦争の経験はどこへ行ってしまったのでしょう？　やはり縄文由来の「平和の遺伝子」のなせるわざなのか……。

そんなことを言ってもしょうがないですね。そこで次章では、オーソドックスな理論で開戦

の理由を分析することにします。使うのは、現在ではすっかり市民権を得た「ゲーム理論」です。

★1　牧野邦昭「『英米合作経済抗戦力調査（其二）』（陸軍秋丸機関報告書）—資料解題—」『摂南経済研究』2015年
★2　林千勝『日米開戦 陸軍の勝算—「秋丸機関」の最終報告書』2015年
★3　石原莞爾は、開戦直後に立命館大学の国防学の講義で「この戦争は負けますなあ。財布に千円しかないのに一万円の買い物をしようとしているんだから、負けるに決まってる。アメリカは百万円持ってて一万円の買い物をしている。そんなアメリカと日本が戦って勝てるわけがありません」と語ったとされる（半藤一利『歴史と戦争』による）。
★4　邦訳は『太平洋大戦争—開戦16年前に書かれた驚異の架空戦記』2001年

【まとめ】
○アメリカによる〝突然〟の対日石油禁輸は、ヨーロッパ戦線で独ソ戦が開始されたため
○ドイツの戦力は1942年から低下が予測されており、早期にソ連を占領してその工業力を利用する必要があった

○独ソ戦でドイツが勝利した場合、イギリスの敗北が決定的になり、同国を通じてヨーロッパでの影響力を行使していたアメリカは危機的状況に陥る
○アメリカはイギリスを支援するために参戦する必要があり、対日石油禁輸措置を発動して日本からの宣戦布告を誘導した
○日本は参戦し、それは日独伊三国同盟によりアメリカの参戦につながり、ヨーロッパでのイギリスの勝利を決定付けた
○第二次世界大戦では、あくまでヨーロッパ戦線が「メイン」で、大東亜戦争は「サブ」として位置付けるのが適切
○このように、大東亜戦争はヨーロッパ情勢の影響が極めて大きく、日米関係だけを考えていては的確な分析は困難
○以上のことから、開戦の理由は、①大陸からの撤退を不可能とした満州事変、②アメリカの参戦を決定づけた日独伊三国同盟、と考えるのが妥当

【コラム】国民的人気があった東條英機

東條英機首相の人柄を示すエピソードは、運転手の砂糖の話、ゴミ箱を見た話などいろいろとあります。試しに、チャットGPTに尋ねてみました。

《その1　砂糖の受け取りを拒否》

ある日、東條の運転手が東條の家に砂糖を届けるよう命じられました。当時、日本では戦時中の物資不足のため、砂糖を含む多くの商品が配給制となっており、一般市民にとっては手に入れるのが難しいものでした。

運転手が砂糖を届けたところ、東條はこの砂糖がどこから来たのかを尋ねました。運転手は、配給品として手に入れたことを説明しました。

東條は、戦時中においてすべての国民が平等に物資を分け合うべきだという信念を持っていたため、この砂糖を受け取ることを拒否し、運転手に市民に配るよう命じました。運転手は、この東條の行いに感銘を受けたとされます。

このエピソードは、東條が戦時下の緊張と物資不足の中で、平等性と公正さを重んじる姿勢を持っていたことを示すものとされています。

《その２　ゴミ箱を見る》

ある日、東條の家を訪れた人物が、彼のゴミ箱を見て驚いたとのこと。その理由は、ゴミ箱にほとんどゴミがなく、非常に少量の廃棄物しか見当たらなかったからです。

このエピソードは、東條が非常に倹約家であったことを示しています。戦時中の物資不足を背景に、彼は極力無駄遣いを避け、必要最低限の消費に努めていたと伝えられています。

また、この話は、東條が自らの生活を通じて、戦時下の国民に対しても節約と効率的な物資使用を呼びかけていたことを示しています。

これらのエピソードから見える東條英機の実像は、勤勉でまじめな倹約家、そして責任感も強く部下思いだということです。彼の写真（口絵10頁）を見たことがありますが、本当にいい笑顔でした。だから、逆に「空気」に逆らえなかったのでしょう。こう言っては大変申し訳ないのですが……。

まさか、その数年後に彼が死刑台に立つと予想した人は誰もいなかったはず。運命とは実に皮肉なものです。

第二章　ゲーム理論のサイエンス

行動経済学理論で考える

最初に、広義の意味ならゲーム理論とも言える、行動経済学の「プロスペクト理論」で考えてみます。この理論による大東亜戦争開戦の研究では、牧野邦昭氏の労作『経済学者たちの日米開戦―秋丸機関「幻の報告書」の謎を解く』が有名です。彼の著作は、２０１９年に権威ある読売・吉野作造賞を受賞しました。

プロスペクト理論というと難しいようですが、直訳すると「将来の見通しについての理論」ということになります。牧野氏は、なぜ大東亜戦争開戦という非常にリスクが高い選択が行われたのかを、次のように説明します。

＊　　＊

筆者は現時点では、逆説的ではあるが「開戦すれば高い確率で日本は敗北する」という指摘自体が逆に「だからこそ低い確率に賭けてリスクを取っても開戦しなければならない」という意思決定の材料となってしまったのだろうと考えている。それはどういうことなのだろうか（以下、A. S. Levi と G. Whyte の研究を参考にしている）。

＊　＊

牧野氏は、次の表にあるように、1941年の日本には、次の2つの選択肢があったとします（口絵13頁と81頁）。

A　開戦しない場合、2～3年後には確実に**「ジリ貧」**になり、戦わずして屈服する。

B　開戦した場合、非常に高い確率で日本の致命的な敗北を招く**「ドカ貧」**になる。しかしながら、非常に低い確率ではあるが**「勝利する可能性」**も残されている。

プロスペクト理論では、人間は損失回避を優先する傾向があるため、1941年の日本は、わずかでも勝利する可能性が残されているBを選択したとします。ところが、現実のデータを使い、**いくらプロスペクト理論で計算した数値をいじっても、開戦が有利という結果は得られないの**です。これはちょっと意外でした。次からがその説明です。

プロスペクト理論によるシミュレーション

もし、カーネマンらが提唱し、ノーベル賞を受賞した「プロスペクト理論」で、これだけ不可解な開戦の謎を解明できるなら、極めて魅力的な話となります。

さて、プロスペクト理論は、当然ながら単なる美しい数式ではありません。行動経済学の理論なのですから、現実に起きた現象を矛盾なく説明できなければ、それこそ1円の価値もないのです。言うまでもなく、科学の本質は再現性であり、それはつまり「誰がやっても同じ結果」になるということです。

そこで、この牧野邦昭氏の著書から、肝心の根拠となる具体的な数値を探したのですが……なぜかどこにも「ない」のです。私の探し方が悪かったのかと反省し、この本で紹介しているレビら（A. S. Levi と G. Whyte）の論文[★1]にも当たってみました。しかし、この研究報告にも、具体的な数値はどこにも書かれていませんでした。

さらにショッキングな事実が判明しました。この本で紹介しているレビらの論文[★1]が発表されたのは１９９７年。それなら、カーネマンらによるプロスペクト理論の2編の原論文（１９７９年[★2]と１９９２年[★3]）より後なので、その両方が参考文献として挙げられているはず。しかし、なぜかレビらの参考文献には１９７９年の最初の論文[★2]しかないのです。実は、具体的な数値が計算できるのは新しい１９９２年の論文[★3]だけであり、最初の１９７９年の論文[★2]では、定性的な説

開戦前のシミュレーション結果

選択肢	想定される結果	対応する予測
開戦せず 	△**ジリ貧** **【戦わずして敗戦】** 2～3年後には確実に国力を失う	・陸軍省戦略課 1941 年 8 月の物的国力判断での石油の問題における現状維持の想定
開戦する 	×**ドカ貧** **【非常に高い確率】** 致命的な敗北を喫する	・企画院の応急物動計画試案 ・総力戦研究所の 1941 年 8 月の提案 ・陸軍省戦略課 1941 年 1-3 月の物的国力判断と 8 月の船舶の問題における南方武力行使の想定 ・秋丸機関日本班『英米合作経済抗戦力調査』『独逸経済抗戦力調査』で長期戦になった場合
	○**有利な講和** **【非常に低い確率】** イギリスの敗戦によるアメリカの交戦意欲喪失	・陸軍省戦略課 1941 年 8 月の物的戦力判断での石油の問題における南方武力行使の想定 ・総力戦研究所の 1941 年 1 月の演練 ・秋丸機関日本班『英米合作経済抗戦力調査』『独逸経済抗戦力調査』で短期でドイツが勝利した場合

出所　牧野邦昭『経済学者たちの日米開戦―秋丸機関「幻の報告書」の謎を解く』2018 年

明と概念を説明する「ポンチ絵」レベルのグラフしかないため、計算自体が不可能なのです（次頁）。最初は信じられませんでした。およそ数理科学としては考えられないことです。このことは、**牧野邦昭氏が導いた結論には、数値的な裏付けがないことを意味しています**。確かに、そう思って読み返してみると、前出の『経済学者たちの日米開戦』には、ごく一般的な解説だけで、**肝心の「開戦」についての具体的な数値は一切ない**のです。これは一体どういうことなのでしょうか。権威ある中央公論新社の読売・吉野作造賞を受賞しているのに、少々信じられない話ではあります。

しょうがないので、カーネマンらによるプロスペクト理論の1992年の原論文[★3]に基づき、自分でいくつかの数値を仮定して計算してみることにしました。

驚くべきことに、実際に計算した結果では、敗戦は極めて高い確率となるため、プロスペクト理論による主観的確率は、損失の値は元の値とほとんど変わらなかったのです。また、アメリカに勝つ確率は極めて小さいので、主観的な確率は理論上0・3程度以上にはなりません（口絵14頁と85頁）。

また、この戦争でアメリカに勝利したとしても、新たな領土を獲得できるとか、多額の賠償金を取れるという「誇大妄想」を信じた人間がいるとも思えません。いくら頑張っても現状維持が精いっぱいだろうし、そもそもラフなシミュレーションさえ見たこともありません。

【参考】プロスペクト理論の理論的解説

○中村國則　確率加重関数の理論的展開　2013年（下図）

○ Daniel Kahneman, Amos Tversky, Prospect theory: An analysis of decision under risk, Econometrica, 1979.

○ Amos Tversky, Daniel Kahneman, Advances in prospect theory: Cumulative representation of uncertainty, Journal of Risk and Uncertainty, 1992.

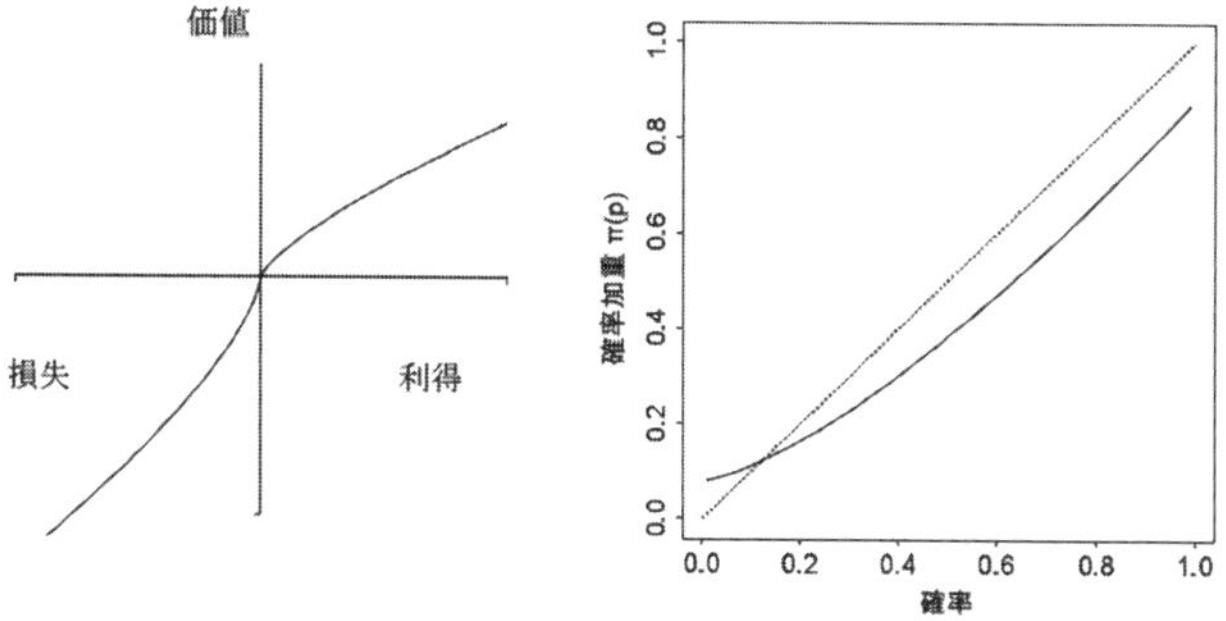

Figure 1　Kahneman and Tversky（1979）で提案された価値関数（左図）と確率加重関数（右図）

以上を整理すると、プロスペクト理論によれば、敗北の主観的確率はほぼ1で、対米戦に勝利する主観的確率は0・3程度以下となります。よって、敗戦による損失の値は元の数値とほぼ同じだから、**開戦するのが合理的なのは、勝利による利益が敗戦による損失の3倍程度以上（1÷0・3≒3倍）となります。**が、いくらなんでも、そんな虫のいいことを信じる人間がいるはずがありません。**よって、いくらプロスペクト理論で計算した数値をいじっても、開戦が有利という結果は得られない**のです。これもかなり意外でした。[★4]

ゲーム理論で考える

プロスペクト理論の結果には、少なからずがっかりしたので、気を取り直してゲーム理論でリベンジすることにしました。ゲーム理論で一番有名なのは、おそらく「囚人のジレンマ」でしょう。これは、2人の囚人がそれぞれの利益が最大になる選択をした場合には、皮肉なことに、協力した場合よりも悪い結果になるというゲームのことです。かつて、日本の陸軍と海軍とは仲が悪かったので、ひょっとすると協力すれば開戦しない決定が選択されるかもしれません。

参考までに、次はチャットGPTによる「囚人のジレンマ」の説明です。

＊　＊

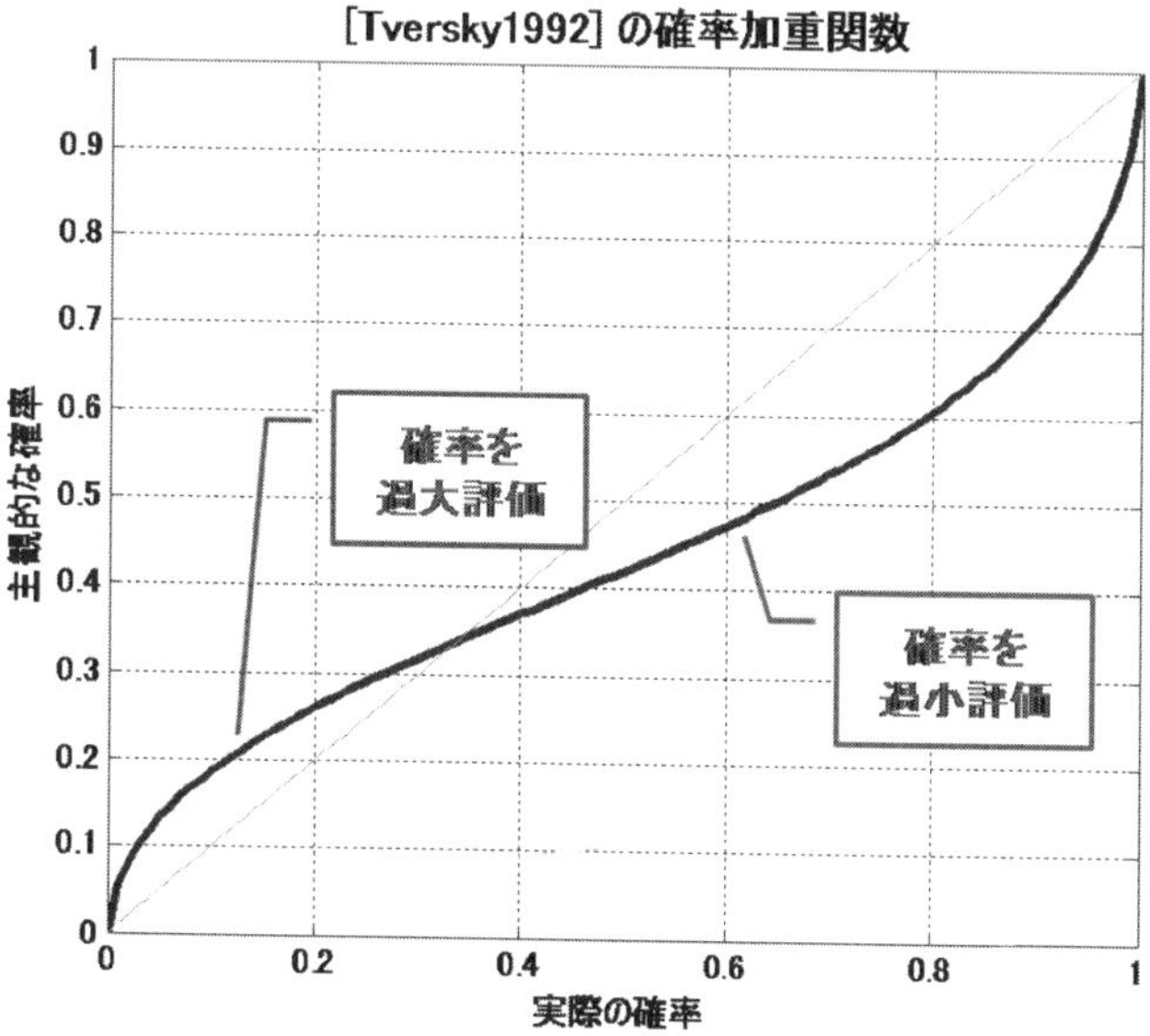

プロスペクト理論による 実際の確率と主観的な確率との比較

前頁のシミュレーション結果をプロスペクト理論で評価すると、「非常に低い確率」は0.3未満のため、**開戦しない方が有利。**

実際の確率が約０．３**以上**　確率を**過小**評価

実際の確率が約０．３**以下**　確率を**過大**評価

出所　未知への独り言　脳と経済　第９回　--- 神経経済学の行動経済学 プロスペクト理論３ ---

※計算の根拠は、A. Tversky, D. Kahneman, Advances in prospect theory: Cumulative representation of uncertainty, 1992.

囚人のジレンマは、ゲーム理論の中で最も有名な例のひとつです。このジレンマは、相互作用の中で個人の最適な選択が集団全体の最善の結果を生み出さないことを示す例としてしばしば引き合いに出されます。

基本的なストーリーは以下のとおりです。

2人の囚人AとBが別々の部屋で尋問されています。2人は次の2つの選択肢を持っています。

○黙秘する
○相手を裏切って告発する

次に、選択による結果は以下のとおりです。

○両方の囚人が黙秘した場合、軽い罪で2年の刑を受ける。
○一方が裏切り、もう一方が黙秘した場合、裏切った方は釈放され、黙秘した方は重罪で10年の刑を受ける。
○両方の囚人が互いに裏切った場合、両方とも中程度の罪で5年の刑を受ける。

囚人が自分自身の利益のみを考慮する場合、以下のような考え方になります。

○相手が黙秘する場合、自分が裏切れば釈放されるので、裏切る方がよい。

○相手が裏切る場合、自分も裏切った方が2年の刑期を減らせるので、裏切る方がよい。

この論理に従うと、どちらの囚人も裏切るのが最も自分にとって有利な選択となります。しかし、もし両方の囚人が黙秘することができれば、両方とも2年の軽い罪で済むことになります。このように、個人の利益を最大化する行動が集団全体の利益を最大化しない結果を生むことが囚人のジレンマの中心的なテーマです。

＊　＊

グロービス経営大学院では、その実例として、第二次オイルショック後の石油化学業界について説明しています。次は、チャットＧＰＴによる要約です。

＊　＊

事例として、石油化学業界の第二次オイルショック後の状況があります。この時期には、業界全体が過当競争の影響で深刻な不況に直面しました。事態の打開を図るため、通産省［現在は経済産業省」の主導により、特定産業構造改善臨時処置法に基づく構造改革が進められました。改革の核となったのは、過剰設備の休廃止を通じた生産調整で、業界全体で価格の安定を図ろうとしました。

理論上は、全社が協力して減産すれば業界全体の利益を守ることができるのですが、現実には、個々の企業にとっては減産をしない方が利益が大きい（絶対優位の戦略）という状況に陥りました。その結果、**実際に設備の休廃止を進める企業はほとんどありませんでした。**

囚人のジレンマを回避するためには、いくつかの策が考えられます。まず、裏切り行為に対して報復するという罰則のメカニズムを設けることが有効です。また、一度限りのゲームではなく、繰り返し行うことで、長期的な協力関係を構築することが重要です。さらに、サイド・ペイメントを導入し、約束を守った企業に対して報酬を提供することも一つの方法です。

（グロービス経営大学院　囚人のジレンマ）

囚人のジレンマによるシミュレーション

おわかりいただけたでしょうか。では次に、これを大東亜戦争の開戦プロセスに適用します。話を単純にするため、開戦当時の東條首相の発言などをベースにし、条件は相当単純化してみました。

第一章で説明したとおり、アメリカが突如として1941年8月からの石油禁輸措置を発動したため、日本は開戦せずに中国から撤退するか、対米開戦かのどちらかを早期に決定する必要に迫られました。軍用石油の備蓄は1年半しかないため、開戦するなら短期決戦しかありません。ただし、開戦するためには陸海両軍の賛成が必要です。

もし、陸軍が開戦賛成、対して海軍が開戦反対なら、日本は開戦できません。これは、陸軍が開戦反対、海軍が開戦賛成でも同じことです。

A　陸海両軍が開戦反対の場合、2～3年後には確実に国力を失い、戦わずして屈服（**ジリ貧**）。

B　陸海両軍が開戦賛成の場合、非常に高い確率で致命的な敗北（**ドカ貧**）。

C　一方の軍が開戦賛成、他方の軍が開戦反対の場合は、2～3年後には確実に国力を失い、戦わずして屈服（**ジリ貧**）。また、開戦を反対した軍が責任を取るだけではなく、将来的に予算も人員も削られる可能性。

これを表にしてみます（次頁）。

もし、石油の備蓄で対応できる1年半に勝てるなら、開戦した方が得になります。しかし、

囚人のジレンマによる開戦決定のシミュレーション

海軍＼陸軍	開戦反対	開戦賛成
開戦反対	２～３年後には確実に国力を失い、戦わずして屈服（**ジリ貧**） ●**陸軍の責任** ●**海軍の責任**	２～３年後には確実に国力を失い、戦わずして屈服（**ジリ貧**） ●**陸軍の責任** ○海軍は免責
開戦賛成	２～３年後には確実に国力を失い、戦わずして屈服（**ジリ貧**） ○陸軍は免責 ●**海軍の責任**	致命的な敗北（**ドカ貧**） ●**陸軍の責任** ●**海軍の責任**

注　勝利は誰も考えていなかったため考慮していない[★4]。

誰もそんなことは考えていなかったことは明らかですから、多くの「合理的」な論者は、短期決戦で勝てるはずがないし、そんなおかしな判断をした当時の政府・軍首脳はバカばかりだというのが通説となっています。

現実には、開戦によって民間人を含めると数百万人の犠牲者が生じ、明治以来獲得した海外領土はすべて失い、国富も半減したのだから、まったくいいことはありませんでした。さて、このことは、陸海両軍が非協力的で反目し合い、それぞれが「合理的」に判断したから開戦したのだという、典型的な「囚人のジレンマ」に当てはまるのでしょうか。

実は、囚人のジレンマの話は、これで終わりではありません。石油化学業界の第二次オイルショック後の対応で説明したように、1回限りなら相手を裏切った方がいいのですが、何回も繰り返すと協調的な行動を取る方がメリットがあるのです。確かに、現在の自衛隊には、陸海空の連携が強調され、旧軍で大失敗した教訓が生きているように思えます。ところで、現実はどうだったかというと、当初は陸軍が開戦賛成、海軍は開戦反対でした。

以上を理解した上でこの表を見ると、海軍も開戦しない方がいいのです。なぜなら、アメリカと開戦しない場合は「屈服」（ジリ貧）ですが、開戦したら「必敗」（ドカ貧）なことは、既にバイウォーターの『太平洋大戦争』、猪瀬直樹氏の『昭和16年夏の敗戦』や「秋丸機関の報告書」などより結論が確定しているわけです。また、日中戦争が泥沼化している中、さらにアメリカと戦争しても、備蓄した1年半の石油で勝てる……なんて、もはや誇大妄想としか思えず、まともに相手にする人はいないでしょう。ではなぜ、海軍も陸軍も引かなかったのか？

さらに、囚人のジレンマでは説明できない出来事もあります。日清戦争直後の１８９５年の三国干渉では、「臥薪嘗胆《がしんしょうたん》」★5で、戦争で苦労して勝ち取った遼東半島を、泣く泣く清に返還せざるを得ませんでした。このことは、終戦時に昭和天皇も前例として述べています。また、日露戦争に勝利して締結したポーツマス条約でも、結局はロシアからの賠償金を諦めました。このため、第五章で後述するように、国内では大きな不満の声が高まり、全国各地で暴動が頻発（口絵15頁）。しかし、明治政府は最終的にはこの条約を締結したのです。

それは、当時の政府や軍の首脳がリアリストで、これ以上の戦争の継続は不可能だと判断していたからでしょう。では、なぜ大東亜戦争では、リアリストに徹することができなかったのか？　明治以来、基本的な体制に変化はないので、人が変わったせいなのか？

このように、**プロスペクト理論やゲーム理論のような「合理的」な分析では、開戦の「本当」の理由はわからないのです。**

★1　Ariel S. Levi, Glen Whyte, A Cross-cultural exploration of the reference dependence of crucial group decisions under risk: Japan's 1941 decision for war, Journal of Conflict

Resolution, 1997.

★2　Daniel Kahneman, Amos Tversky, Prospect theory: An analysis of decision under risk, Econometrica, 1979.

★3　Amos Tversky, Daniel Kahneman, Advances in prospect theory: Cumulative representation of uncertainty, Journal of Risk and Uncertainty, 1992.

★4　通説によれば、現実の開戦の意志決定の際には、秋丸機関や総力戦研究所の「長期戦なら必敗」は影響していないとされる。

★5　将来の成功を期して苦労に耐えること。薪の上に寝て苦いきもをなめる意から（三省堂 新明解四字熟語辞典）。

【まとめ】

○プロスペクト理論では開戦の理由は説明できない

○ゲーム理論で最も一般的な囚人のジレンマでも、開戦の理由は説明できない

○これらのことから、開戦の理由は「合理的」には説明できない

【コラム】空気を読まないがゆえに成功した新幹線

「空気」を読まないがゆえに成功した事例としては、日本が世界に誇る新幹線が挙げられます。もっとも、新幹線は大東亜戦争とは違い、成功したので救われますが……。

新幹線の生みの親である十河信二《そごうしんじ》は、国鉄の経営が破綻寸前の状態になり、誰も引き受け手がいないなか、「空気」を読まないことを買われて国鉄総裁に引き出されました。これが、2回も任期の最後まで総裁を務められた理由です。たとえて言えば、満州事変を指揮した石原莞爾が最後まで参謀総長だったようなものです。

東海道新幹線プロジェクトは、総裁の十河信二、そして技術のトップである島秀雄の息の合ったコンビの二人三脚で、苦労に苦労を重ねた末、見事に成功に導きました。このサクセスストーリーは、高橋団吉氏の『新幹線を走らせた男―国鉄総裁 十河信二物語』に詳細に綴られています。

豪腕で鳴らした十河は、かつての弾丸列車計画の担当者であり、三顧の礼で国鉄総裁に迎えられます。満鉄時代からの夢だった広軌（標準軌＝1435㎜）の鉄道を実現するため、「線路を枕に討ち死にする」というのが彼の信条でした。いまでは考えられないのですが、当時の鉄道は飛行機と自動車に押されまくりで、まったくの斜陽産業と考えられていたのです。

技術者である島の計算によると、東海道新幹線に必要な費用は、本当は3000億円以上。しかし、建設の絶対条件である世界銀行からの融資を受けるため、十河はほぼ半分の1740億円でできると大ウソをつきます。そして、ついに念願の世銀から8000万ドルの融資の獲得に成功し、その後はひたすら新幹線の建設に邁進。あまりにもやり過ぎたためか、1964年10月1日の開業式典には、任期が終了した十河信二と島秀雄は呼ばれず、一番列車が走り出すのを自宅のテレビで見ることになったというのは、関係者には有名なエピソードです。

当初大赤字だと予測された新幹線は、世間からの風当たりも強かったものの、その後は十河の読みが見事に当たって、増発に次ぐ増発を重ねます。開業時の1964年に1編成12両×毎時2本だったものが、現在では16両×17本と10倍以上に。

著名な作家だった阿川弘之は、新幹線を「世界の三バカ」だとして、万里の長城、戦艦大和になぞらえて酷評。朝日新聞の名物コラム「天声人語」もさんざん非難しましたが、この大成功を見て態度を一変。後日、十河は出身地である愛媛県西条市の最初の名誉市民に選ばれました。

こうなると、世間の評判も百八十度変わり、ついには大物政治家が乗り出してきます。開通わずか7年後の1971年には新幹線整備法が公布され、当時の田中角栄首相は『日本列島改造論』で大々的に宣伝。新幹線は成長する日本のシンボルとして、多くの人に絶賛されるようになりました。政治的な思惑もあり、整備新幹線としては、上越新幹線（田中角栄首相の地元）と東北新幹線（鈴木善幸首相の地元）が優先着工され、その後の経緯は皆さんご存じのとおりです。

結果として、満州事変は大失敗、新幹線は大成功に終わりましたが、いくら実績があっても、「空気」を読まない人間は左遷させられるというのは、残念ながら戦前も戦後も変わらないようです。

現在話題になっているリニアについても、日本の後には中国が迫っています。もし、日本で成功すれば、新幹線のようにアメリカやインドへの輸出も可能になります。一方、失敗すれば、中国製のリニアがニューヨーク、ワシントン間に走るようになるかもしれません（現在の政治情勢では少々考えにくいですが）。世の中では静岡県の騒動しかニュースになってないようですが、大東亜戦争の経緯のように、もう少しグローバルな視点で見られないものでしょうか。

第三章　情報戦のサイエンス

情報戦が苦手な日本

またもや話が飛びますが、一定以上の年齢の人なら、第一次石油ショック時の大インフレ「狂乱物価」と、石油がなくなると言われ、日本中が恐怖のパニック状態に陥ったことを、鮮明に記憶しているかもしれません。当時の流言飛語もすさまじいもので、あらゆるモノがなくなるというデマが出回り、日本中で大量の買いだめが発生。いまとなっては笑い話ですが、スーパーの棚という棚からトイレットペーパーが消え失せました。冷静になって考えると、トイレットペーパーをいくら買い占めても、誰も大して儲かるはずがありません。が、当時は陰謀論によるデマで大変な騒ぎでした。

実は、「石油ショック」という言葉を使うのは日本だけです。英語を調べるとわかりますが、「オイル・クライシス＝石油危機」です。これは、日本がアメリカの対日石油禁輸により、「石油の一滴は血の一滴」として、大東亜戦争で国家滅亡の危機に陥ったトラウマがあったからでしょう。1973年は終戦から28年ですから、まだ戦争の生々しい記憶が多くの人々に残っていました。

第一次オイルショック当時には、猛烈なインフレも起きました。石油の値上がりが原因だと思っている人もいるかもしれません。実はそうではなく、当時の田中角栄通産相が、ニクソン・ショックの円切り上げの対応に失敗したからです。日本は外為市場を閉鎖するのが先進国中で最も遅かったため、差益を狙った大量のドル売り円買いが集中し、結果として国内で大幅なカネ余り（過剰流動性）が発生。なにしろ、1ドル360円が308円になるのですから、ドルを売って円に変え、円切り上げ後にドルを買い戻せば、労せずボロ儲けができたのです。

そんなこんなで、焦りに焦った日本人は、死に物狂いで省エネルギー技術を開発し、燃費のいい日本車はアメリカへの輸出が激増しました。結果として、日本は先進国では最も経済的な被害が少なかったのです。このときは、「空気」が日本に有利に働いたということでしょう。まったく何が幸いするか分かりません。そのせいか、1980年の第二次石油ショックでは、さすがに日本でもこれほどの騒ぎにはなりませんでした。

もっとも、2021年の新型コロナのパニックでは、またもやトイレットペーパーが極端な品不足に。予防効果があるとされたマスクなら、極端な品不足に陥ったのはまだ理解できますが、なぜかトイレットペーパーもなくなったのです。

このように、日本人が情報戦が苦手なのには悪しき「伝統」があります。気になる方は、後述のバイウォーターの著書についての解説を読んでみてください。

昭和16年夏の敗戦

さて、話を大東亜戦争に戻します。

何回も繰り返しますが、名著だと称賛される『失敗の本質』のような本に不満を感じるのは、なぜ誰が考えても非合理的な「開戦」という決断をしたのか不明ということです。もちろん、情勢判断を間違ったということなら、まだ理解できます。人間は全知全能の神ではないので、誰にでも失敗はあり得ることで、この場合は原因と結果とを合理的に説明可能です。

しかし、「大東亜戦争」はそうではありません。**誰が考えても確実に敗戦が予測され、かつ政府や軍中枢の誰もが、開戦に積極的に賛成しなかったということが最大の謎**なわけです。

「必敗」については、たとえば猪瀬直樹氏の『昭和16年夏の敗戦』を読めば明らかです。内閣直属の総力戦研究所では、当時の日本の最優秀なスタッフを一本釣りし、36人ものメンバーで精緻な研究を実施。しかし、いくら条件を変えてシミュレーションをしても、長期戦になれば日本は負けるという結果になりました。これではどうしようもない。しかも、後述のバイウォーター『太平洋大戦争』でも結果は同じなのです。しつこいようですが、バイウォーターの著書は、邦訳がベストセラーになったぐらいだから、情報は国民に広く公開されていました。これも、「開戦」という決断については、「合理的」に理由を説明することは不可能だということです。

私がいままで一番納得できた説明は、投資した金額が回収できない「サンクコスト」です。ただし、このサンクコストは社会経済的なものではありません。損得勘定で考えたら、いくらサンクコストを考慮したにしても、絶対に開戦しない方が得でしょう。仮に明治の元勲が生きていたなら、私は絶対に開戦しなかったと信じています。

全体調整ができるのは明治政府を設計した人だから、数十年経つとそういう人がいなくなり、セクショナリズムが跋扈《ばっこ》して、全体最適化が困難になります。これから説明するバイウォーターもそう書いていて、さすがスパイの本場である007のイギリスの分析は鋭いと感心しました。日本のシステムは人間関係がキーですから、制度だけではうまく機能しないのです。大東亜戦争でもそうですし、最近でもそうです。敗戦直後は、いいか悪いかは別として、首相になった岸信介、池田勇人、田中角栄など、実際に全体調整ができるキーマンが何人も存在していました。

バイウォーター『太平洋大戦争』

大東亜戦争の開戦は、情報が非公開だったからと信じている人もいるかと思いますが、これはちょっと違うようです。

前述のように、大東亜戦争開戦の16年前に書かれた、イギリスの軍事評論家バイウォーターによる『太平洋大戦争』という本があります。なんと、英語版はまだアメリカのアマゾンで「太平洋戦争を予言した」として好評販売中。物好きにも私は購入してしまいました。海軍少佐・石丸藤太による解説付きの翻訳版『太平洋戦争と其批判』は、国立国会図書館のデジタルコレクションに収録されていて、誰でも無料で読むことができます。

次は、私がこの本を初めて知った、井沢元彦氏の『言霊《ことだま》』からの引用です。

＊　　＊

開戦16年前の太平洋戦争予測記事

中国における権益問題でアメリカと対立した日本政府は、内政に対する国民の不満をそらす意図もあって、対米開戦を決意する。開戦当初、日本はアメリカより海軍力においてやや優位にあり、その優位を維持し戦局を有利に展開しようと、海軍は**フィリピン**に奇襲攻撃をかけマニラを占領し、西太平洋の制海権を握る。しかし、生産力に優るアメリカが海上封鎖による持久戦法をとり、中ソ両国も反日に転じ、戦局は逆転する。そして艦隊主力をもって行なわれたヤップ島沖海戦でも日本は敗北し、アメリカはグアム島など南洋の島々を次々に占領し、日本側守備隊は全滅する。さらにマニラも奪い返される。この間、ソビエトは樺太に侵攻、これを占領し、中国軍は南満州を支配下におく。ついに内閣は総辞職するなか、アメリカの爆撃機が東京上空に襲来し、爆弾を投下する。ここにいたって日本は、アメリカ側の**講和**勧告を受諾し、戦争は終結する。

＊　＊

井沢氏は、バイウォーターの予測は、1931～33年という時期と、**太字**の部分以外は概ね正確だと指摘します。読めば分かるとおり、確かにそのとおりであることがわかります。しかも、この本は大東亜戦争開戦の1941年より16年前の1925年に発表され、1926年には日本でも翻訳・出版されてベストセラーになっているのです。

ところが、私も含めて、そんなことは初耳だという人が大部分だと思います。では、当時の日本人はどんな反応をしたのか。実は、訳者である石丸藤太は、『日米戦争　日本は負けない』という著書まで出版。それだけではなく、『太平洋戦争と其批判』には、「長期戦なら必敗」という結果には――タイトルどおり――石丸による長文の反論も収録されています。つまり、日米戦では日本が不利なことは既に予想されており、多くの日本人も知っていたにもかかわらず、ほとんど無視されたどころか、記憶さえしていないということになります。現在なら、バイウォーターと石丸のどちらが正しいのかは、わざわざ指摘するまでもないでしょう。

1941年12月8日付朝日新聞夕刊の社説

次の文章は、開戦した日の1941年12月8日付朝日新聞夕刊の社説（現代仮名遣いに変更）です。当時の生々しい空気を追体験してもらうという意味で、あえて原文そのままを掲載しておきます。石丸の言う「日本は負けない」という雰囲気が痛いほど伝わってきます。

＊　＊

宣戦の大詔ここに渙発され、一億国民の向かうところは厳として定まったのである。わが陸海の精鋭はすでに勇躍して起ち、太平洋は一瞬にして相貌を変えたのである。

帝国は、日米和協の道を探求すべく、最後まで条理を尽して米国の反省を求めたにも拘わらず、米国は常に誤れる原則論を堅守して、わが公正なる主張に耳をそむけ、却って、わが陸海軍の支那よりの全面的撤兵、南京政府の否認、日独伊三国条約の破棄というが如き、全く現実に適用し得べくもない諸条項を強要するのみならず、英、蘭、重慶等一連の衛星国家を駆って、対日包囲攻勢の戦備を強化し、かくてわが平和達成への願望は、遂に水泡に帰したのである。

すなわち、帝国不動の国策たる支那事変の完遂と東亜共栄圏確立の大業は、もはや米国を主軸とする一連の反日敵性勢力を、東亜の全域から駆逐するにあらざれば、到底その達成を望み得ざる最後の段階に到達し、東條首相の言の如く「もし帝国にして彼等の強要に屈従せんか、帝国の権威を失墜し、支那事変の完遂を期し得ざるのみならず、遂には帝国の存立をも危殆に陥らしむる結果となる」が如き重大なる事態に到達したのである。

事ここに至って、帝国の自存を全うするため、ここに決然として起たざるを得ず、一億を打って一丸とした総力を挙げて、勝利のための戦いを戦い抜かねばならないのである。いま宣戦の大詔を拝し、恐懼《きょうく》感激に堪えざるとともに、粛然として満身の血のふるえるを禁じ得ないのである。一億同胞、戦線に立つものも、銃後を守るものも、一身一命を捧げて決死報国の大儀に殉じ、もって宸襟《しんきん》を安んじ奉るとともに、光輝ある歴史の前に恥じることなきを期せねばならないのである。

敵は豊富なる物資を擁し、しかも依ってもって立つところの理念は不逞《ふてい》なる世界制覇の恣意である。従って、これを撃砕して帝国の自存を確立し、東亜の新秩序を建設するためには、戦争は如何に長期に亙ろうとも、国民あらゆる困難に堪えてこの「天の試練」を突破し、ここに揺らぐところなき東亜恒久の礎石を打ち樹てねばならぬのである。

宣戦とともに、早くも刻々として勝報を聞く。まことに快心の極みである。御稜威《みいつ》のもと、尽忠報国の鉄の信念をもって戦うとき、天佑《てんゆう》は常に皇国を守るのである。

いまや皇国の隆替《りゅうたい》を決するの秋、一億国民が一切を国家の難に捧ぐべき日は来たのである。

あれ、どこかで読んだような……と思ったら、独裁国のプロパガンダや、昔の学生運動のビラにそっくりです。こういう「空気」の中で、反戦を主張するのは、正直なところ私にはできません。

＊　＊

短期決戦はあり得ない

アメリカとの短期決戦はあり得ないことは、現在のウクライナを見ていても分かります。自国の領土を占領されたまま講和を結ぶつもりはないし、国民も絶対に反対するでしょう。

もっとも、重大な利害でなければ、国際社会から黙認されることはあります。クリミアやかつての満州国が典型です。当時の日本も、蔣介石を支援する「援蔣ルート」を封鎖するため、北部仏印（ベトナム）に進駐したのですが、この時点では戦争状態にはなっていません。

しかし、どんな国でも本土や植民地が直接攻撃されれば別。よって、軍事には素人の私でも、真珠湾攻撃でアメリカが戦意を喪失する、と考えるのは絶対におかしいと考えます。こんな単純なことが、海軍のエリート中のエリートで、アメリカ留学経験のある山本五十六に分からないはずがない。私も、しばらく前に真珠湾を訪れ、戦艦アリゾナの犠牲者に献花してきました（口絵1頁）。現代の最新ジェット機でも結構な距離なのに、当時の空母とプロペラ機で実行してしまう海軍軍人の根性には、本当に驚嘆するしかありません。余談ですが、真珠湾の展示館では、いかにも人のよさそうな説明員のおじさんに、「どこから来たのか」と質問され、「日本」と答えると、非常に喜んで握手してくれました。

そもそも、最初は海軍中枢も、そんな一か八か、いや万が一にも効果が期待できない作戦には反対でした。しかし、山本五十六は「それなら辞める」と啖呵《たんか》を切って、無謀とも思える真珠湾攻撃を強行し、少なくとも当初は戦術的に大成功しました（なお、2回目の真珠湾攻撃は事前に察知されて失敗に終わっています）。

当時、アメリカは対日戦に備え、真珠湾に艦船を集結させていたため、真珠湾攻撃でアメリカの太平洋艦隊は壊滅（口絵1、2頁）。日本は、同時に決行されたマレー沖海戦で、イギリスが誇る東洋艦隊の最新戦艦である旗艦プリンス・オブ・ウェールズと、巡洋艦レパルスの撃沈にも成功しました（口絵3頁）。このため、一時的には、太平洋からインド洋まで、日本軍にまともに対抗できる勢力は一掃されます。この「緒戦の大勝利」「赫々《かっかく》たる大戦果」に国民は大喝采しました。しかし、「リメンバー・パールハーバー」のスローガンのもと、固く団結したアメリカが参戦。当初のもくろみだった「アメリカの戦意をくじく」ことに限れば、全く逆効果と言わざるを得ません。それればかりか、真珠湾の復讐として原爆が投下されたという説まであります。

後付けだった「大東亜共栄圏」

大東亜戦争の戦争目的が曖昧だったことは、「大東亜共栄圏」や「八紘一宇《はっこういちう》」が意味不明だったことでも明らかです。それはそのはずで、アメリカの対日石油禁輸で「突然」開戦したのだから、手段も目的も後付けになるのは当然だからです。

山本七平氏の『一下級将校の見た帝国陸軍』では、大東亜共栄圏や八紘一宇について、次のような冗談のような笑い話が紹介されています。

○清水幾太郎氏の『わが人生の断片』に、ビルマ人に大東亜共栄圏の意味をきかれ、咄嗟に「アジア合衆国」と言って問題になり、それは「千成瓢箪《せんなりびょうたん》」だと答えよと言われた面白い記述がある。

○これがさらに八紘一宇となれば、一体それが、具体的にどんな組織でどんな秩序なのか、言ってる本人にも不明である。

○「大東亜共栄圏とかけて何ととく」「千成瓢箪ととく」「ココロは、大きな瓢箪（日本）のまわりに小さな瓢箪（各国）がついているから」。これはナンセンス・クイズであって説明でない。説明できないはず、本人にもわからない「吠え声」なのだから……

有能な報道官だった宋美齢

日本は宣伝戦、情報戦、インテリジェンスでも、当時の中国（中華民国）に圧倒的に負けていました。その象徴が宋美齢です。彼女は、大富豪の娘でアメリカ留学経験があり、当時の中国大陸を支配していた中華民国・国民党の総統である蔣介石と結婚しました。

宋美齢は、フランクリン・ルーズベルト大統領やエレノア夫人と親密な関係を築き、日中戦争（支那事変）から大東亜戦争までのアメリカの対日政策に大きな影響を与えたとされます。１９４２年11月から１９４３年５月にかけてのアメリカ訪問では、抗日戦への支援を訴え、１９４３年２月には連邦議会で演説し、議員だけではなく全米の人々から広範な支持を得ることに成功します。また、ハリウッドでの演説では、著名なスターから金銭面を含む支援を受けました。

彼女は、中華民国のファーストレディとして、そして英語を話せない夫のスポークスマン兼ロビイストとして活動し、蔣介石とともに『タイム』誌の表紙になるなど、連合国における中華民国および日本に対する世論に大きな影響を与えました。１９４３年のカイロ会談では、蔣介石の通訳も務めました。

残念なことですが、このようなわけで、日本は情報戦では圧倒的に中国に対して劣勢だったのです。

【まとめ】

○当時の「空気」では、開戦は必至であり、反対するのは非常に困難である
○「大東亜共栄圏」や「八紘一宇」は後付けである
○日本は、情報戦と宣伝戦で中国に圧倒的に負けていた

【コラム】大東亜戦争の開戦は真珠湾攻撃ではない

大東亜戦争は、どのようにして始まったのか。次は、チャットGPTによる解説です。

＊　＊

太平洋戦争（大東亜戦争）の開戦は、一般的には1941年12月8日（日本時間）の日本による真珠湾攻撃と考えられています（口絵1、2頁）。この攻撃は、アメリカ合衆国に対する日本の突然の軍事行動であり、アメリカの太平洋艦隊に大きな損害を与えました。この出来事は、アメリカが第二次世界大戦に参戦する直接的なきっかけとなり、太平洋戦争の開始点とされます。

一方で、**マレー作戦は、真珠湾攻撃より1時間ほど前に実行された、日本軍によるイギリス領マレー（現マレーシア）への侵攻作戦です**（口絵3頁）。この作戦も太平洋戦争の初期の重要な軍事行動の一つであり、日本軍がイギリスおよび連合国軍と直接衝突した最初の大規模な作戦の一つでした（真珠湾攻撃と同時の予定が、気象の関係でマレー作戦より少し遅れた）。

したがって、太平洋戦争の開戦は、真珠湾攻撃とマレー作戦という、ほぼ同時に行われた複数の軍事行動によって特徴づけられます。これらの行動は、日本がアジア太平洋地域での戦略的優位を確立しようとした軍事戦略の一環でした。

第四章　御聖断のサイエンス

１９４５年の「御聖断」は３回あった

「終戦の御聖断」というと、１９４５年8月15日の「玉音放送」の前日、8月14日の御前会議が伝説化しています。が、**最近は研究が進み、「御聖断」は何回もあったとされます。**

そんな謎に迫る労作、山本智之氏の『「聖断」の終戦史』によると、１９４５年4月頃には、既に陸海両軍も戦争の継続が困難なことは自覚していたとのこと。これを裏付けるように、山本七平氏の『「空気」の研究』によれば、最高戦争指導者会議のメンバー6人（総理大臣鈴木貫太郎、外務大臣東郷茂徳、陸軍大臣阿南惟幾、海軍大臣米内光政、参謀総長（陸軍）梅津美治郎、軍令部総長（海軍）豊田副武）も、内心では降伏は不可避と考えていたようです。

＊　　＊

みな内心では、だれかが「降伏しよう」と言い出してくれないかと、それだけを心待ちにしていた。いわば、「陸軍が始めたのだから陸軍が言い出すべきだ、今日言うか、この次に言うか」と一方が梅津参謀総長に期待すれば、御当人は「軍人は最後までそれが口にできないのだから、だれかが言ってくれないとこまる。外務大臣は言わないのだろうか、今日言うか？　明日言うか？」期待し合っていた状態である。

＊　＊

かつては、そんなものかと思って読み流していました。しかし、よく考えてみると極めておかしい。全員が「降伏」はやむを得ないと考えているのに、誰も正面切って言えない。それは、責任を追及されるからか……。いや、降伏は時間の問題なのだから、遅れれば遅れるほど条件が悪化して損害が拡大するだけです。事実を正直に語り、速やかに降伏を進めて条件が良くなるなら――当初はともかく事後に――称賛されることはあっても、非難されることはあり得ないはず。現に、昭和天皇の終戦の「御聖断」は現在でも称賛されています。

実はそうではないのです。第二部で詳述しますが、**「言霊《ことだま》」の世界では、「降伏＝敗戦＝日本の不幸」を望んでいると解釈されます。だから、人望があり、誠実で真面目な人ほど言えないのです。**言うまでもなく、当時の最高首脳部は組織内で昇進した人だから、極めて人望があるわけで、石原完爾のような「空気」を読まず、〝人望のない〟人間でなければ絶対に無理。

なにしろ、玉音放送前日の8月14日には、軍による玉音盤強奪未遂事件が発生しているぐらいです。同じ日には、鈴木首相の私邸が襲撃されるクーデター未遂事件も発生。その意味では、昭和天皇の御聖断は、終戦を具現化するためには絶対不可欠なものだったと言えるでしょう。

第一章で説明したように、開戦の決定も同じような感じでした。「必敗」の戦争であることは誰もが知っていた。それにもかかわらず、誰も開戦の流れを止めることはできず、結局「長期戦なら必ず負ける」という、多くのシミュレーションが予想していたとおりの結果になりました。

6月終戦説と6月の「御聖断」

さて、前出の『「聖断」の終戦史』によると、1944年12月頃から、戦争を遂行できる限界は1945年6月頃という「6月終戦説」が民間にまで流布してきたそうです。

その前段として、日本がほぼ制空権を失っていた1945年3月には、東京、大阪、名古屋、神戸といった大都市と、戦艦大和を建造した軍都・呉が次々と空襲されています。

3月10日　東京大空襲　下町が壊滅　死者約10万人
3月12日、19日　名古屋大空襲　死者1300人以上
3月13日　大阪大空襲　死者3987人

3月17日　神戸空襲　死者2500人以上
3月19日　広島・呉軍港空襲

この後、1945年3月26日に硫黄島が米軍の手に落ち、B29の発進基地として使用可能になると、本格的な日本本土への空襲が開始されます（口絵8頁と116頁）。この時点で、石丸の『日米戦争　日本は負けない』にある艦隊決戦戦略（漸減邀撃《ぜんげんようげき》作戦、本章のコラム参照）は決定的に破綻。6月以降になると、それまでの何倍もの規模で、地方の大都市や軍事都市までが攻撃の目標となります。

また、これに先立ち、すっかり敗色が濃くなった1944年（昭和19年）には、多くの国民は大本営発表が信じられなくなり、厭戦気分が高まってきます。

＊　＊

昭和十九年に警保局保安課第一係が作成した「最近に於ける不敬、反戦、反軍其の他不穏言動の概要」を見ると、「戦争は陛下が勝手にやつてゐる」「天皇陛下は飾り物でこんな物は穀潰しだ」「大東亜戦争停止　戦争停止」「打倒東条　打倒軍国主義」「幾万の同胞の生命物資を消費して何が聖戦でせうか」というように、天皇への反感や不満、反戦・反軍の落書や投書が多く収録されているのである（『神奈川県史』資料編13近代・現代（3）808～811頁）。★1

そして、あたかも6月終戦説に合わせたように、１９４５年６月９日（11日説もある）になると、陸軍の梅津参謀総長は、昭和天皇に本土決戦を行う戦力が事実上ないことを上奏。これを受け、昭和天皇は１９４５年６月22日に最高戦争指導会議を自ら招集し、戦争の終結に「努力せんことを望む」と述べました。[★2] ここでやっと終戦の方向に転換が始まり、不可侵条約を締結していたソ連に講和の仲介を依頼することになります。しかし、１９４５年２月のヤルタ会談では、既にソ連の参戦が内定していたとのこと。この時点では、もはやソ連の仲介は望むべくもなかったのです。案の定、ソ連からの回答はなしのつぶてで、むなしく時間だけが過ぎて行きます。

＊　＊

原爆投下とポツダム宣言

１９４５年5月になると、ヒトラーが自殺してドイツが無条件降伏したため、連合国側の戦力には余裕が生じ、もはや日本攻撃にソ連の協力は必要なくなっていました。ただ、ここで連合国の状況はまた変化します。ポツダム宣言の当初の案では、国体護持（天皇制維持）が含まれていました。もし、そのとおりだったら、日本はすぐにでも降伏したでしょう。ところが、アメリカで原爆の完成が確実になったため、投下の準備ができる8月頃まで、日本の降伏を先

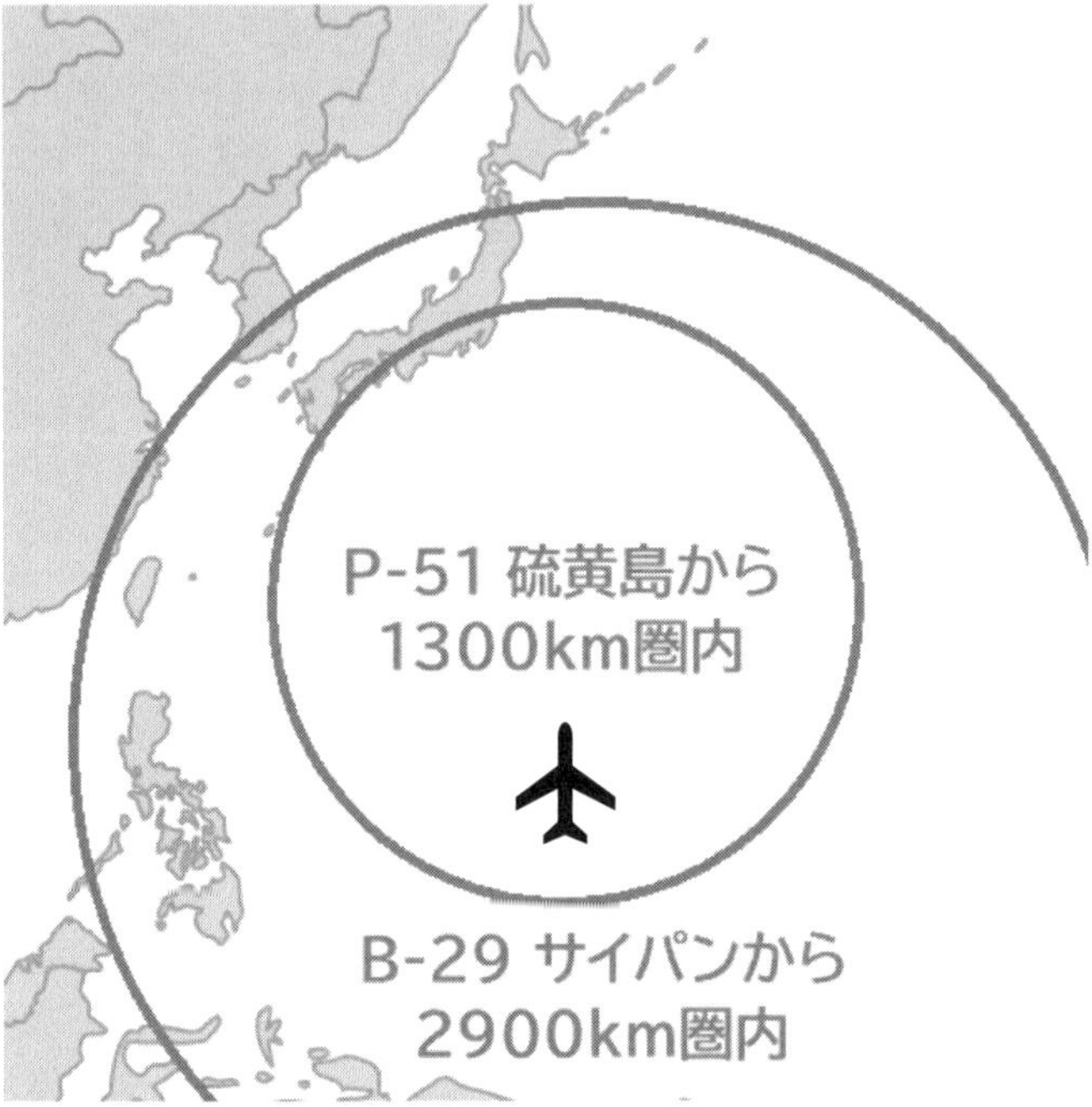

米軍による本土空襲の開始

米軍は1945年3月26日に硫黄島を制圧後、B-29の緊急着陸基地として利用開始。終戦までのべ2551機のB-29が緊急着陸し、のべ2万1304名の搭乗員が救われた。

また、P-51やP-47などの護衛戦闘機も硫黄島から発進。B-29を日本軍戦闘機から守り、被害の軽減に貢献した。

出所　文浦史朗　図解雑学 太平洋戦争（文章及び数値）

　　　地図は上記を参考に作成

延ばしすることに方針転換します。

この点は、池田信夫氏のブログが分かりやすいので、ここで引用させていただきます。

＊　＊

玉音放送で降伏の理由として原爆があげられていることは事実だが、それは原爆投下がなかったら降伏しなかったという根拠にはならない。日本の降伏は時間の問題であり、米軍はそれを（暗号解読で）知っていながら、原爆を投下したのだ。

長谷川毅『暗闘』は、この経緯を1次資料で詳細に検討している。原爆投下は、ポツダム宣言の発表された1945年7月26日の前に決まっていた。7月25日付の命令書には「最初の特別爆弾を、8月3日以降に広島、小倉、新潟、長崎のうちの一つの標的に投下する」と明記されている。★3 ポツダム宣言は、既定方針だった原爆投下を正当化するために発表されたのだ。

ポツダム宣言の原案には日本の立憲君主制を維持するという条項が含まれていたが、アメリカ統合参謀本部はそれを削除して無条件降伏に変え、日本が受諾することを困難にした。これは原爆投下までの時間を稼ぐためだった。目的は日本の降伏ではなく、ソ連に原爆の威力を見せることだったのだ。

（池田信夫ブログ「原爆投下の目的は日本の降伏ではなかった」２０１６年5月25日）

＊　＊

では、アメリカはなぜこの時期に原爆を使用したくなったのか。それは、1945年2月のヤルタ会談では、戦争を早期に終結させるため、ソ連の対日参戦が極秘に決定していたからです。

それ以前の1943年12月のカイロ宣言では、天皇制廃止は予定していなかったし、その後のポツダム宣言の当初案でも、前述した池田氏のブログのように、天皇制維持の条項は含まれていたとされます。しかし、原爆の投下が1945年8月頃に可能になったことで、アメリカは心変わりしました。その理由は、

1　原爆の威力をソ連に見せつけるとともに、ソ連の参戦前に日本を降伏させる

2　ソ連の参戦がなければ、日本の降伏後には、占領政策をアメリカに有利に運ぶことが可能

の2つです。

そこで、実際のポツダム宣言からは、国体護持はあえて削除し、ソ連を無視した米英中の3国の名前で宣言を出すことにしたのです。実際、ポツダム宣言にはソ連は署名していません。

仮に、ポツダム宣言が当初案どおり天皇制維持を示す条項が含まれていれば、日本はこの時

点ですぐ受諾して降伏していたでしょう。しかし、以上のような理由で、実際にはそうならなかったのです。

この結果、アメリカの意図どおり、鈴木貫太郎首相は7月26日のポツダム宣言を黙殺することに決定。ただ、「黙殺」が「無視」つまり、受け入れないと相手に判断されたことは誤算でした。そして、広島と長崎に運命の原爆が投下され、多数の犠牲者を出すことになります。8月8日には、ついにソ連が対日参戦しました。次は、この間の出来事を時間順に整理したものです。

5月7日　ドイツが無条件件降伏
6月9日　陸軍の梅津参謀総長が、昭和天皇に本土決戦を行う戦力が事実上ないことを上奏
6月22日　昭和天皇が自ら御前会議を招集し、ソ連に講和の仲介を依頼することを決定
7月26日　米英中3国によるポツダム宣言、日本は「黙殺」することを決定
8月6日　広島に原爆投下
8月8日　ソ連が対日参戦
8月9日　長崎に原爆投下

御聖断のインテリジェンス

8月9日になると、2発の原爆投下と前日のソ連の対日参戦により、政府・軍首脳はポツダム宣言受諾やむなしの方向に傾きます。**このときの昭和天皇は、スウェーデンやイギリス経由のインテリジェンスにより、ポツダム宣言は暗黙裏に天皇制維持を認めているという情報を入手していたようです。**そこで、8月10日零時を過ぎた深夜の御前会議で、いったんはポツダム宣言の受諾を決定。会議後には、スイスとスウェーデンを通じて受諾の電報を出しました。

しかし、12日の連合国からの回答では天皇制について言及がなかったため、首脳部の意見はまとまらずに紛糾します。結局、**8月14日にもう一度御前会議を開き、それでもまとまらないため、遂に昭和天皇の「御聖断」によりポツダム宣言の受諾を最終決定。**そして、この日に国民に降伏を知らせる玉音放送を収録し、翌8月15日にラジオで全国放送されました。これにより、ようやく日本はポツダム宣言を受諾して降伏することになります[★4]。なお、放送前日の8月14日には、軍の一部が玉音盤奪取を図ったものの失敗しています。

つまり、従来の通説とは違い、昭和天皇は「国体維持」（天皇制維持）が可能であると、密かにインテリジェンスで情報を得ていたことになります。この間の経緯は、岡部伸氏の『第二次大戦、諜報戦秘史』にあるとおりで、彼はイギリスで一次資料を丹念に調査し、「御聖断のインテリジェンス」を詳細に分析しています。岡部氏によれば、1945年8月14日には、国体護持を不安がる阿南陸相に、昭和天皇が「アナン、心配するな、朕には確証がある」と語ったことを、作家の半藤一利氏が阿南の義弟で軍務課員だった竹下正彦氏から聞いていたとのこと。次は、この間の経緯です。

8月10日　深夜零時過ぎ　御前会議により、ポツダム宣言を受諾し降伏することを決定
8月12日　連合国からの回答には天皇制維持について言及なし
8月14日　再度御前会議を開催するが紛糾し結論出ず
　このため、**昭和天皇の「御聖断」によりポツダム宣言受諾を最終決定**
　玉音放送収録
　軍の一部が玉音盤奪取を図るも失敗
8月15日　玉音放送がラジオで全国放送
9月2日　東京湾の戦艦ミズーリ号上で講和条約に調印

言い換えれば、日本はいわゆる「無条件降伏」ではなかった、ということになります。ルーズベルトやチャーチルは「無条件降伏」と喧伝《けんでん》していますが、正確にはそうではないのです。そして、ポツダム宣言の文面を読み返すと、「5　吾等ノ条件ハ左ノ如シ」とあります。やは

り「歴史は勝者によって書かれる」のでしょうか。

一死以テ大罪ヲ謝シ奉ル

ただし、玉音放送だけでは軍や国民が納得せず、不測の事態が発生する可能性も残されていました。そこで、大東亜戦争敗戦の最大の元凶とされた陸軍の責任を取る形で、強硬な戦争継続の主張を続けた阿南陸相（口絵11頁）は、8月15日朝、昭和天皇に対し「一死以テ大罪ヲ謝シ奉ル　神州不滅ヲ確信シツ、」という遺書を残して割腹自殺します（口絵12頁と次頁）。陸相を辞任して内閣を倒す選択肢もありましたが、終戦に同意した上での死でした。

これは、**阿南陸相の強硬な戦争継続の主張は、スムーズに終戦処理を進めるための「タテマエ」で、あくまでホンネは終戦ということを暗示しています。**私の推測に過ぎませんが、この強烈な遺書を残した自殺は、当時の政府・軍首脳に「陸軍を悪者にする」という暗黙の了解があったのではないのでしょうか（『「聖断」の終戦史』による）。一方、歴代首相は日本の代表ですから、日本は悪くないと表明するため、自決はしなかったのでしょう（同書には記述なし）。

右　阿南惟幾の墓
下　阿南惟幾の遺書、シミのような模様は阿南の血
一死以テ大罪ヲ謝シ奉ル
神州不滅ヲ確信シツヽ
出所　いずれも Wikipedia
(パブリックドメイン)

このせいもあったのか、玉音盤奪取未遂事件はあったものの、その後は軍による大規模なクーデターは発生せず、粛々と終戦処理が進められていきます。

以上のように、最終的な「御聖断」に至るまでのプロセスは極めて複雑のようです。昭和天皇が意思表示をしたからそれで終わり、といった単純なものではないことは明らかです。

「鬼畜米英」が「マッカーサー万歳」になった理由

ところで、「鬼畜米英」が、極めて短期間で「マッカーサー万歳」に変わったのは不思議だという人がいます。私はそうは思いません。なぜなら、尊皇攘夷が一転して文明開化になったという前例があるのですから……。

たとえば、天皇家は明治になると――おそらく不本意に――仏教から神道に改宗したため、それまでの位牌は京都の泉涌寺《せんにゅうじ》に残されています。また、京都御所はそのままですが、宮殿は東京に移転しました。このため、明治天皇の墓所である明治天皇陵は、本人の強い希望により、生まれ故郷の京都にあります。また、戦前の皇室典範では、大嘗祭や大喪の礼は京都で行うとされ、実際にも戦前に行われた昭和天皇の即位までは京都で挙行されました。

それに比べれば、数年間のアメリカの間接統治などは大した問題ではないでしょう。江戸初期のように、禁中並公家諸法度で縛られ、京都御所から外に出られなかったことに比べれば、問題にならないほどの好待遇です。

『「空気」の研究』では、天皇家は「仏教徒」だったかどうかについて、こう説明しています。

＊　　＊

維新という、〝革命〟の波は天皇家にも遠慮なく押しよせ、一千年つづいた仏式の行尊はすべて停止されることになった。天皇家の菩提寺《ぼだいじ》は京都の泉涌寺だったが、明治六年、宮中の仏像その他は一切この寺に移され、天皇家とは縁切りということになった。皇族には熱心な仏教徒もいたが、その葬式すら、仏式で行なうことを禁じられた。いわば、天皇自らが思想信仰の自由を剥奪され、明治体制一色に強制的に塗り変えられたわけである。言うまでもないが、一千年の伝統を自らの手で（という形式で、もちろん実際は天皇家の意志ではあるまい）断ち切り、自らの意志で自己変革をしたという形で革命に即応して存続したわけである。

＊　　＊

山本氏は、そういう行き方は日本の伝統であるとし、仏教断絶から「人間宣言」まで約70年、それから現在までほぼ同じ約70年なので、一千年とは比較にならぬこの程度の短期間の〝伝統〟などは、いとも簡単に〝自己改廃〟できると主張します。そして、このことは単に天皇家の問題でなく、いわば全日本人が、そのような形で、外形的な自己変革を行うことによって、「自分は変った」と自己暗示にかけて信じこみ、そしてそう信じこむことによって変革を避けるという、伝統的な行き方の象徴的な表れにすぎないとします。

戦時体制は継続しているのか

アメリカの占領が予想外にスムーズだったのは、立憲君主制を残した間接占領だったという理由もあるでしょう。大蔵官僚だった野口悠紀雄氏は、著書『1940年体制（増補版）』の中で、戦時体制は現在まで継続していると述べています。

＊　　＊

本書で描きたいと思うのは、この［財務省＝旧大蔵省の］建物に象徴される日本の姿である。つまり、「現在の日本経済を構成する主要な要素は、戦時期に作られた」という仮説である。私は、日本の経済体制はいまだに戦時体制であることを指摘し、それを「一九四〇年体制」と名付ける。

これは、二つの意味を持っている。第一は、それまでの日本の制度と異質のものが、この時期に作られたことである。

（中略）

第二の意味は、それらが戦後に連続したことである。これは、終戦時に大きな不連続があったとする戦後史の正統的な見方には反するものだ。しかし、かつてこの建物に勤務していた私にとって、この仮説は実に自然なものなのである。人事も仕手の進め方も、すべてが連続していた。入省時の事務次官は昭和一〇年入省、秘書課長は一八年入省という具合に。実際、この組織のなかでは、終戦など別の世界の出来事のようであった。

＊　＊

野口氏は、連続しているのは制度だけではなく、「官僚や企業人の意識の連続性」そして「その背後にある思想」だと強調しています。つまり、財務省＝旧大蔵省にとっては、戦前も戦後も何も変わっていないのです。

細かいことを言うと、戦後に陸軍省、海軍省、内務省は解体。また、警察、消防、教育の組織体制は劇的に変化しました。しかし、意識面に限定すると、ある意味では驚くほど変わらなかったようです。この連続性が、占領統治が驚くほどスムーズに進んだ理由だったのかもしれません。

野口氏はまた、「現在の日本経済を構成する主要な要素は、戦時期に作られた」と主張します。これは基本的に妥当だと思いますが、「それまでの日本の制度と異質のものが、この時期に作られた」のかは少々疑問です。第二部で説明しますが、日本軍そのものが、縄文・弥生からの農村文化を強く受け継いだ、国民は「天皇陛下の赤子《せきし》」「一君万民」体制です。これは、それまでは欧米に似せた資本主義だったシステムが、国家社会主義の名前を借りた、伝統的な日本型共同体に変わったということです。こう考えると、1940年体制がいままで継続していることも、割と簡単に説明できます。それは、都市部（欧米式資本主義）と農村部（縄文・弥生からの農村文化）の体制が統合して一本化されたということです。推測ですが、野口氏は東京生まれなので、そういう感覚なのかもしれません。

★1　『早稲田大学百年史』第4巻279頁による
★2　NHK戦争を伝えるミュージアム「終戦はどのように決まった？」、山本智之『「聖断」の終戦史』による
★3　アメリカは東京への原爆投下も検討したが、最終候補に残らなかった理由のひとつは、「交戦国の政府が消滅すると交渉相手がいなくなり、占領統治が困難になる」とされる。これは、ドイツではヒトラーが自殺し、政府要人はすべて自殺、逃亡、捕虜となり全くの無政府状態であり、直接統治で苦労したことが影響した可能性がある。
★4　正式な降伏日は、日本政府が降伏文書に調印した1945年9月2日。なお、ソ連（ロシア）とはまだ平和条約を締結していないため、形式上は休戦状態が継続中。

【まとめ】

◯「御聖断」は、あくまで象徴的なものであり、通常のボトムアップで決まらなかった場合の最後の手段

◯終戦の準備は、1945年4月の鈴木貫太郎首相の就任から始まっていたが、周囲の「空気」を読んでいたため、多くの時間を費やした

◯陸軍で終戦やむなしの空気が確定したのは、6月9日の梅津参謀総長の上奏であるため、それ以前の「終戦の御聖断」は現実的でなかったのではないか

◯アメリカは、原爆の使用を8月頃に予定していたため、ポツダム宣言の当初案にあった君主制維持の条項を外し、日本の終戦を先延ばしにさせた可能性が高い

◯御聖断は終戦の極めて重要なプロセスだが、玉音放送だけではなく、阿南陸相の自決もセットにして考える必要があるのではないか

◯このように、開戦も終戦も「空気」が最大の影響力を持っていたと推測される

【ミニ知識】地方政治における「御聖断」

これまでは、国政の「御聖断」について書き綴ってきましたが、それは地方政治でも同じことです。典型的な例として、新市の名称決定についてのエピソードを紹介しておきます。

＊　＊

神奈川県のほぼ中央にする位置する大和《やまと》市。この名前を聞けば、多くの人々は歴史豊かな奈良県や、勇猛果敢な日本武尊のようなイメージを思い浮かべるでしょう。しかし、その背景は予想外のものでした。

明治政府は、地方制度を強化して国力を高めるため、1889年から市町村の合併、いわゆる「明治の大合併」を強力に推し進めました。神奈川県高座《こうざ》郡にあった4つの村（下鶴間《しもつるま》村、深見《ふかみ》村、上草柳《かみそうやなぎ》村、下草柳村）は合併し、鶴見村となります。

この名称は、後述する政府の方針に沿って、規模が大きい「鶴」間と深「見」からそれぞれ1字を採って付けたものです。しかし、上草柳と下草柳の文字が使われなかったため、2村の人々からは不満の声が上がったそうです。そして、地勢や民情の違いなどから、下鶴間対深見、上・下草柳の対立が次第にエスカレートし、分村問題にまで発展します。

この混乱を見かねた神奈川県知事・内海忠勝は、ついに調停に乗り出し、対立の原因となった村の名前「鶴見村」をやめ、4つの村が「大きく和する」ことを願って、1891年に「大和《やまと》」村と改称。その後、1943年には大和町になり、戦後は1956年に南の渋谷村を編入。1959年に大和市となり現在に至ります。

同じようなことは、日立製作所の発祥地である茨城県日立市でも起きています。日立町と助《すけ》川《がわ》町は、1939年に合併して新市を発足することに同意。しかし、新市の名称は、日立町は日立市を当然としましたが、納得しない助川町は日立助川市にすべきと強硬論を展開しました。結局、話はまとまらず、上位機関である茨城県に一任することに決定。この結果、日立製作所が日立市を推したこともあり、最終的に新市名には現名称である「日立市」が選ばれました。

このように、市町村合併でもめるのは名前が結構多いのです。名は体を表すと言うぐらいですから、損得勘定だけではなくプライドもあり、単純明快に論理で割り切れるものではない、ということになります。

また、以上のことから分かるのは、「御聖断」のパターンには、明確な共通点があることです。やはり、上位の機関から下位の機関へは、強権的に命令することは禁じ手となります。**上は神輿《みこし》に乗っているのだから、下から明確な方針が挙がってきたら承認するしかないのです。逆に、どうしても当事者同士の話し合いで決まらない場合は、双方から一任の了解を取り付け、どちらの言い分もよく聞いてから最終的に決定する、というのが円満な解決のパターンという**

ことになります。

なお、市町村名の決定で参考にされるのは、明治に決めた次の内務大臣訓令です。

内務大臣訓令第352号（1888年6月13日）

第6条　合併ノ町村ニハ新ニ其名称を選定スヘシ、旧町村ノ名称ハ大字トシテ之ヲ存スルコトヲ得、尤《もっとも》大町村ニ小町村ヲ合併スルトキハ其大町村ノ名称ヲ以テ新町村ノ名称トナシ或ハ互ニ優劣ナキ数小町村ヲ合併スルトキハ各町村ノ旧名称ヲ参互折衷スル等**適宜斟酌《しんしゃく》シ勉メテ民情ニ背カサルコトヲ要ス**、但町村ノ大小ニ拘ハラス歴史上著名ノ名称ハ可成保存ノ注意ヲ為スヘシ。

ポイントは、次の4つです。

(1)大町村と小町村が合併するときは、大町村名を採用する。

(2)著名な名称が存在する時は、その名称を採用する。

(3)規模に差のない小町村同士が合併するときは、旧町村名の一部をそれぞれ採って合成する。

⑷ **適切に事情を酌量し、極力地元の反感を買わないようにする。**

《参考文献》

大和市ホームページ「大和市史」
角田晶生「絶対に大和国つながりだと思ってたのに⁉ 神奈川県『大和』市の誕生、そして〈まほろば連邦〉」の夢
村山研一「市町村合併と市町村名称の選択」『地域ブランド研究』２００９年

【コラム】オレンジ計画とレインボー・プラン

大東亜戦争に興味があるなら、「オレンジ計画」(War Plan Orange)という言葉を聞いたことがない人はいないでしょう。言うまでもなく、アメリカが対日戦争を想定した計画のことです。では、5つある「カラーコード戦争計画」のうち、他の色の計画はどんなものか? 私も含めて、知っている人はほとんどいないと思います。次がチャットGPTによる回答です。

○レッドプラン　カナダを占領するための計画。実際にはイギリスとその植民地(特にカナダ)との潜在的な衝突に備えたもの。
○オレンジプラン　日本との戦争を想定した計画。太平洋におけるアメリカの戦略を定めた。
○ブラックプラン　ドイツとの戦争を想定した計画。特に第一次世界大戦後の時期に関連。
○グリーンプラン　メキシコとの戦争を想定した計画。
○イエロープラン　中国との戦争を想定した計画。

私の興味をそそったのは、1919年の「オレンジ計画」には、第1案、第2案、第3案の3つの異なる案が存在していたことです。しかも、情勢の変化に応じ、柔軟に内容を改定しているのです。たとえば、当初の案では、フィリピンは持ちこたえられる想定でしたが、その後の日本軍の急速な軍備増強により、一時放棄もやむなしに変更されます。正直、最悪の条件も考慮していることに驚きました。

しかし、これらの計画は、アメリカが相手国と1対1で戦うことを想定したものです。1930年代になると、「枢軸国」対「連合国」の構図が明確になり、現状にそぐわなくったため、カラーコード戦争計画は凍結されます。後継の計画は、1939年6月に承認された「レインボー・プラン」です。このレインボー・プランも、次の主要な5つの案から構成されています。

○レインボー1　アメリカが孤立主義の立場を維持し、西半球の防衛に専念する戦略。
○レインボー2　アメリカと南米諸国のみで構成される同盟が、大西洋と太平洋の両方での攻撃から西半球を守ることを想定した計画。
○レインボー3　アメリカが「悪い隣人」（主に日本、イタリア、ドイツを想定）と戦うために、英国やフランスといった「良い隣人」と同盟を結ぶシナリオ。
○レインボー4　西半球の防衛を中心に据えつつ、アメリカ合衆国が西半球外での軍事行動を行わないシナリオ。
○レインボー5　アメリカが英国やフランスなどの同盟国と共に、複数の潜在的な敵に対して積極的に行動を起こす最も包括的な計画。

現実の第二次世界大戦には、レインボー5の修正版が採用されました。無知をさらすようですが、これにも驚きました。私は、アメリカのシンクタンクによる「台湾有事」のシナリオを連想します。同じパターンで、確かに複数のシナリオが示されていたのです。ポイントは、「複数のシナリオ」と、シミュレーション自体には「希望的観測」は極力排除していることでしょう。

では、当時の日本はどう対抗しようとしていたのか。それは、前述の石丸藤太による『日米戦争　日本は負けない』にあるように、海軍は「漸減邀撃」作戦を想定。艦隊の攻撃力は、「距離の2乗に反比例する」という有名な法則があります。これにより、太平洋を西進してくる米艦隊を波状攻撃により大きく消耗させ、最後に日本近海で艦隊決戦を行って勝利するという戦略です。具体的な場所は、小笠原近海からマリアナ諸島付近を想定していたようです。

本当に勝てるかどうかは別として、**最大の問題だと思うのは、シナリオが極めて限られていること。つまり、勝つことが可能な戦略しか検討していない**のです。現実の対日石油禁輸に対応するためには、漸減邀撃作戦の有効性は相当に疑問です。そもそも「艦隊決戦」は日露戦争時代の話で、第一次世界大戦以降は、経済力が勝負の「国家総力戦」だから、艦隊決戦には大した意味はありません。

対する陸軍は、満州(中国東北部)を舞台に、ソ連軍との地上戦を想定。装備品や編制、訓練もそれに合わせていました。シベリア近くの酷寒な地の戦闘に万全を期していたものが、急遽マレー半島、ミャンマー、ニューギニアの人跡未踏のジャングル、フィリピンなどの熱帯地域に転用されたのです。しかも最精鋭の「無敵関東軍」は、200万人が満州に温存。

果たして、これが「国家総力戦」体制なのでしょうか? 確かに、山本七平氏が『私の中の日本軍』で指摘するとおりです。逆に言うなら、これだけ支離滅裂な戦略で、かつ無茶苦茶な悪条件で戦ったのにもかかわらず、少なくとも緒戦では大勝利を収めたのですから、「空気」の威力は極めて強烈だということになります。

《参考文献》

エドワード・ミラー(沢田博翻訳)『オレンジ計画—アメリカの対日侵攻50年戦略』1994年

由良富士雄「太平洋戦争における航空運用の実相—運用理論と実際の運用との差異について—」『戦史研究年報』2012年

大木毅『勝敗の構造—第二次大戦を決した用兵思想の激突』2024年

第五章　開戦を回避する方法はあったのか

開戦を回避する方法はあったのか

何回も繰り返しになりますが、多くの人は、なぜ日米開戦を回避できなかったのかと疑問に思っています。しかし、具体的にどうするべきだったのか、という論考は極めて少ないようです。そこで、とりあえず次の３つの案を出してみました。

案１　我慢して「何もしない」（「空気」に逆らう）
案２　アメリカと敵対しない（日独伊三国同盟を廃棄し、中国大陸から撤退する）
案３　自前の石油資源を持つ（石原莞爾『世界最終戦争』など）

日本軍も、石原莞爾が言うように、満州事変だけで止めるはずが、成功に味を占めて日中戦争（支那事変）にまで手を出したのは大失敗というしかないでしょう。そして、私が一番の問題だと感じるのは、いわゆる「プランB」、つまり代替案がないことです。「撃ちてし止まぬ」は前線の兵士の標語としてならともかく、軍部首脳には、形勢が不利になれば「撃ち方止め」と命令する勇気も絶対に必要です。いや、どちらかというと、その方が重要でかつ難しい。組織拡大が自己目的化してしまった軍部には、どうしてもこれができなかった。このことは、旧軍が共同体であることを考えれば当然ですが、まったく合理的な行動ではないどころか、状況によっては致命的な弱点に転化します。言い換えれば、この点が旧日本軍の限界だったということになります。

3つの選択肢

では、それぞれの選択肢について検討してみます。

1の「何もしない」は明らかに不可能でしょう。当時の国民が納得しない可能性が高いことに加え、仮に石油禁輸で日本が開戦しなかったら、アメリカは次の手を考えて実行することは間違いないからです。対日石油禁輸は、アメリカやイギリスにとっては、あくまで手段であって目的ではありません。よって、日本が開戦するまで次々と対応策を繰り出してくるはず。

このことは、最近のアメリカの〝中国封じ込め戦略〟を見ていれば明らかです。最初は、ファーウェイの副社長を拘束し、スマートフォンのＯＳである「アンドロイド」の使用禁止というジャブを繰り出しました。それでは足りないとなると、フックとして最先端半導体製造装置の禁輸、半導体のサプライチェーンからの締め出しと、どんどんエスカレートしていきます。これで、ファーウェイの経営は大打撃を受けました。なるほど、数十年程度では、国民性はまったく変わらないとつくづく感じます。仮に日本が石油禁輸を我慢したとしても、次々に別の禁輸措置が繰り出された場合、それでも日本が絶対に開戦しないとは、私にはまったく想像できません。実際にも、対日石油禁輸直前の７月26日には、日本の在米資産を凍結し、各国も追随しています。

では、２の「アメリカと敵対しない」（日独伊三国同盟を廃棄し、中国大陸から撤退する）はどうか。これも、次の３の「自前の石油資源を持つ」（石原莞爾『世界最終戦争』）と同じで、開戦時点では実施不可能なことは明らかでしょう。言い換えれば、１９４１年の時点では、石油の対日禁輸が決まった時点で、既に開戦は不可避だったと言うしかないと思います。これは、第一章で説明したように、昭和天皇に限らず、多くの人が述べていることです。

御聖断で開戦回避は可能なのか

終戦の「御聖断」が通説どおり昭和天皇の決断によるものなら、なぜ開戦回避の御聖断ができなかったのか、という主張もよく見かけます。私の素朴な疑問ですが、本当にそんなに簡単なものなのでしょうか。現実は前章に書いたとおりで、慎重に周囲の「終戦」の空気を読んでいたため、水面下の工作も含め、非常に時間がかかったのが実情です。それも、アメリカの原爆投下までの時間かせぎ（ポツダム宣言）で、実際には8月まで遅れてしまいました。全国が焼け野原になった終戦直前でもこの調子です。ましてや、開戦時の空気は説明する必要もないでしょう（前章１０３頁の朝日新聞記事）。ここでは、『昭和天皇独白録』を再掲しておきます。

＊　＊

今から回顧すると、最初の［大東亜戦争開戦時のときの］私の考は正しかつた。陸海軍の兵力の極度に弱った終戦の時に於てすら無条件降伏に対し「クーデター」様のものが起つた位だから、若し開戦の閣議決定に対し私が「ベトー」［拒否権］を行ったとしたらば、一体どうなったであらうか。

＊　＊

8月14日の玉音盤奪取未遂やクーデター未遂、そしてそれに先立つ五・一五事件と二・二六事件のこともあり、最高指導部は政治的混乱を非常に危惧していたはず。このためか、暗黙の了解だと思いますが、終戦時の陸軍大臣・阿南惟幾が「一死以テ大罪ヲ謝シ奉ル　神州不滅ヲ確信シツ、」と遺書を残して割腹自殺し、その他にも多くの将校が自決しています。しつこいようですが、これは東京大空襲、大阪大空襲など、日本の主要都市が無残な焼け野原と化し、その後の広島・長崎の原爆投下、ソ連軍の侵攻後でもこの状態なのです。

こう考えると、終戦直後に混乱がなかったのは奇跡的で、それは「玉音放送」に絶大な効果があり、昭和天皇の国民的人気も非常に高かったからでしょう。阿南陸相の「一死以テ大罪ヲ謝シ奉ル」というメッセージも極めて強烈です。その後は目立つ抵抗運動もなく、GHQによる日本の占領はあまりにも——米軍も拍子抜けするほど——スムーズに進みました。もちろん、国内の政治的な安定を図るため、「御聖断」の役割を大きく宣伝したという理由もあるはずです。このため、御聖断だけで終戦が可能だったというのは、いつのまにか作られてしまった「神話」ではないか、という気が強くします。

前述のように、私が経緯を調べてみた感じでは、少しでも「御聖断」のタイミングや対応を間違ったら、日本各地で凄惨なゲリラ戦が展開され、何年間も大混乱状態に陥っていた可能性も少なくありません。

終戦のわずか5年後、1950年に勃発した朝鮮戦争では、政情が安定していた日本は、戦争特需によっていち早く経済復興を遂げました。しかし、仮にまだ国内が内戦状態だったとしたら、米軍が苦戦を強いられ、ベトナム戦争のように朝鮮半島全土が共産主義国になり、韓国は存在していなかったかもしれません。考えたくはないですが、もし今後に「終戦」があるとしても、こんなにすべてがうまく行くことはないでしょう。やはり日本は「神の国」なのかもしれません。

日比谷焼打事件と二・二六事件

ここで、日本の近代史では、国民の強硬な反対が決して珍しくない例を示しておきます。たとえば、日露戦争の講和条約であるポーツマス条約の調印に反対する国民は決して少なくなく、日本各地で暴動を起こしています。最も有名なのは、皇居のすぐ近くで起きた「日比谷焼打事件」（口絵15頁と145頁）です。日本大百科全書（ニッポニカ）による説明は次のとおりです。

＊　　　＊

日比谷焼打事件

日露戦争講和条約反対に端を発する民衆暴動。1905年（明治38）9月5日、ポーツマス条約に不満をもつ対露同志会を中心とする講和問題同志連合会が、日比谷公園において国民大会開催を計画。政府は事前に大会を禁止、実行委員を検束、公園を封鎖したが、集まった数万人の民衆は大会を強行した。終了後、街頭に出た民衆は投石を行い警官隊と衝突、また御用新聞の国民新聞社や内相官邸を数千から万を超える民衆が包囲したため、ここでも警官隊と衝突、抜剣した警官により多数の負傷者が出た。夕刻には民衆は東京市内の警察署、派出所、交番を襲い、２警察署、６警察分署、２０３派出所・交番を焼き打ち、破壊。翌６日も騒擾《そうじょう》は続き、焼け残った警察署、交番が襲撃され、キリスト教会13、電車15台が焼かれた。

＊　＊

日本国民は、いつも政府の決めたことにおとなしく従っていた、というのは「神話」ではないでしょうか。対照的なのは、日本開闢《かいびゃく》以来、初めて中国の首都・南京を占領した後の提灯行列です。このときは、国民は狂喜して全国各地で盛大な提灯行列が行われました（口絵15頁と次頁）。

＊　＊

『昭和天皇独白録』によると、開戦の決定について、昭和天皇はこうも語ったとされます。

若しあの時、私が主戦論を抑へたらば、陸海に多年錬磨の精鋭なる軍を持ち乍《なが》ら、ムザ〳〵米国に屈伏すると云ふので、国内の与論は必ず沸騰し、クーデタが起つたであらう。

私は立憲国の君主としては、政府と統帥部の一致した意見は認めなければならぬ、若し認めなければ、東条は辞職し、大きな「クーデタ」が起り、却て滅茶苦茶な戦争論が支配的になるであらうと思ひ、戦争を止めることに付ては、返事をしなかつた。

＊　＊

戦争に対する国民の態度

上　日比谷焼打事件　出所　Wikipedia（パブリックドメイン）

下　南京陥落を祝う提灯行列　出所　パールセンター商店街歴史資料室

これを捏造《ねつぞう》や言い訳と解釈する人がいます。しかし、実際にどう言ったかは別として、仮に開戦回避が天皇の御聖断で〝決定〟したら、どのような事態が発生する可能性があったのか考えることにも意味はあるでしょう。

最も参考になるのは、おそらく二・二六事件だと思います。これは、1936年2月26日から29日にかけて発生したクーデター未遂事件のことで、陸軍青年将校ら1483名が下士官・兵を率いて蜂起し、政府要人を襲撃するとともに、中央官庁がある永田町や霞ヶ関などの一帯を占拠したのです。

昭和天皇は怒り心頭で、「速かに暴徒を鎮圧せよ」と、自ら近衛師団を率いて鎮圧するも辞さずとの意向を示したとされます。当初は優柔不断な態度だった陸軍首脳部ですが、昭和天皇のこの強硬な態度を受けて、最終的には武力鎮圧を決定。「叛乱軍」の多くの将兵は投降し、一審制裁判により、首謀者らは銃殺刑に処されました。

これらから推測すると、大東亜戦争開戦を回避するつもりなら、御聖断だけではほとんど意味がなく、日本全土に戒厳令を敷き、天皇自らが大元帥として陣頭指揮を執り、陸海両軍の総力を挙げて反乱を鎮圧するしか手段がないことになります。ただ、それでも混乱が収拾できるかどうかは、正直なところ不明というしかありません。言い換えれば、事実上不可能と言うことですから、やはり『昭和天皇独白録』の記述は妥当だと考えるしかないと感じます。

戦艦大和が特攻出撃した理由

細かく調べてみると、ゲーム理論で解けない問題も多いことに気が付きます。それは、戦艦大和の特攻出撃、神風（海軍特別攻撃隊）、櫻花や回天などの、いわゆる「特攻」です。いずれも、敗色が濃い中で行われた作戦のため、期待していたほどの効果がなかったというのが通説とされます。このうち、『「空気」の研究』にもある戦艦大和の出撃は次のとおりです。

＊　　　＊

「文藝春秋」昭和50［1975］年8月号の「戦艦大和」（吉田満監修構成）でも、「全般の空気よりして、当時も今日も（大和の）特攻出撃は当然と思う」（軍令部次長・小沢治三郎中将）という発言がでてくる。この文章を読んでみると、大和の出撃を無謀とする人びとにはすべて、それを無謀と断ずるに至る細かいデータ、すなわち明確な根拠がある。だが一方、当然とする方の主張はそういったデータ乃至根拠は全くなく、その正当性の根拠は専ら「空気」なのである。従ってここでも、**あらゆる議論は最後には「空気」できめられる。最終的決定を下し、「そうせざるを得なくしている」力をもっているのは一に「空気」であって、それ以外にない。**これは非常に興味深い事実である。

＊　　　＊

門田隆将氏による『太平洋戦争 最後の証言 第三部 大和沈没編』からは、当時の「空気」について、より具体的な説明があることを発見しました。

＊　　＊

連合艦隊作戦参謀の三上作夫・元中佐によれば、「**大和の沖縄特攻作戦の裏には、大和を敵に戦利品として渡したくない、最後の一艦まで戦っていたいという海軍軍人の精神があった。それが帝国海軍の精神です**。当時は、戦争とは最後の一人までしゃにむに戦って死ぬもんだと考えられていたわけで、一億総特攻が唱えられ、戦争に負ければ何もなくなるという『オール・オア・ナッシング』の状況だったわけです。あの戦争は、ものが尽きて負けたということです。大和も、もう燃料がないから、出たんですよ。そこまで帝国海軍は戦ったということです。大和が沈んだ時、文字通り帝国海軍は沈んだわけですよ。」

＊　　＊

これで全てがつながりました！

山本五十六は、もともと勝利が見通せない日米戦には大反対でした。しかし、開戦やむなしとなると、真珠湾攻撃を想定して猛訓練を開始したのです。アメリカに痛撃を与えれば、戦意がくじかれて講和が可能になるというのが通説とされます。繰り返すようですが、どう考えてもこれはおかしい。アメリカに2年も留学した山本五十六が、こんな単純なことが分からないはずがない。考えが変わったのかと思ったのですが、どうやら私が浅はかだったようです。

ゲーム理論で謎は解明できるのか

何回も繰り返しますが、大東亜戦争でアメリカに勝てる確率は、宝クジの一等に当たるよりは高いかもしれませんが、事実上「ゼロ」です。また、秋丸機関の最終結論である、長期戦なら「必敗」という内容は、１９４１年夏には報告されています。当時の軍では、戦艦大和が極秘だったように、石油の備蓄量も極秘。開戦しないなら、それらの理由もある程度は公開しないといけないはずです。運の悪いことに、前出の石丸は、『日米戦争　日本は負けない』という本まで書いています。この本を読んでみましたが、確かに執筆当時の「艦隊決戦」を想定していたなら、意外に合理的な判断だとは言えます。だから、ワシントン軍縮条約とロンドン軍縮条約で、対米7割を強硬に主張して予算を獲得し、それだけでは足らず、大量の戦時国債も発行しました。どちらも、国民が汗水たらして働いて稼いだ貴重なお金です。その甲斐あって、世界最大最強の戦艦大和まで建造。

それが、「想定外」の対日石油禁輸で戦わずして屈服する。10万人の英霊、20億円の国幣にはまったく意味がなかったことになります。ポーツマス条約に大反対し、各地での激烈な反対集会が暴動にまで発展した国民なのです。一体どうやって説明すればいいのでしょうか。

これでは、五・一五事件の首謀者に100万人の嘆願書が集まり、腐敗した政治に代わるものとして、「昭和維新」により清新な印象を与えた軍の面目は丸つぶれです。もちろん、日比谷焼打事件や富山の米騒動どころではすまないはず。政府や陸海両軍の庁舎に膨大な人数の暴徒が押し寄せるかもしれません。なにしろ、国民は毎日連戦連勝を聞かされていたのですから……。

そうなれば、海軍大臣以下、首が飛んだり、土下座して謝ったぐらいでは問題外で、仮に戒厳令を発出したとしても暴徒が続出するでしょう。もっと恐ろしいのは、青年将校が二・二六事件のようなクーデターを起こすことです。

それなら、万が一にでも勝つ可能性があり、やるだけやるのが国民に対しての最大の奉仕ということになります。これが、人望があり、真面目な日本人として山本五十六の心中ではなかったのではないでしょうか。だから、戦術としては無意味ですが、戦艦大和は最終的に特攻せざるを得なかった。当初は、真珠湾攻撃は無意味だと大反対していた海軍幹部も、そういう山本五十六の内心を察したのかもしれません。

しかし、陸軍はそもそも中国大陸からの撤退は考えていなかったので悪玉になった。こう考えると、「国を挙げて戦って敗れた大国にして、再び奮い立たない国はない」と言った陸軍参謀総長・武藤章《あきら》の言葉が、非常なリアリティをもって心に響いてくるのです正直なところ、本書の執筆当初には、まったくそんなことは考えていませんでした。なぜなら、プロスペクト理論やゲーム理論を使えば、簡単に開戦の謎を解けると思っていたからです。しかし、そんな淡い希望はあっさり消え去りました。やはり、合理的な思考だけでは、いくら努力しても開戦の謎は解明できない……という結論にならざるを得ないのです。そして、こう考えると、前述のように見事に再現性があります。その意味で、山本五十六は、やはり真面目な日本人だったのかもしれません。

ただ、不思議なこともあります。それは、『「空気」の研究』でここまで見事な分析をしているのにもかかわらず、なぜ山本七平氏はそう明確には書かなかったということです。「非合理的」な決断を「合理的」に説明することに固執していたためなのか。あるいは、これほど自明なことなら、わざわざ書き記す必要はないと思っていたからなのか。[★1]彼はもはやこの世にいないので、いまさら確認しようがないですが……。

★1　次章で説明する、イザヤ・ベンダサン名義の『日本教は日本を救えるか』では、「中国の泥沼から太平洋戦争へ、ついで敗戦へという決定的な道をとらせたのは『霊』であった。」と明記されている。

【まとめ】

○「御聖断」による意志決定は、基本的にボトムアップによるものである

○明治はトップダウンによる決定が可能だったが、昭和になると不可能になったのは、明治の元勲がいなくなり、トータル的な（しかし属人的な）調整能力が消失したため

○例外的にトップダウンの「御聖断」が可能なのは、ボトムアップでの意志決定が不可能で、トップダウンの決定やむなしの「空気」がある場合に限られる

【ミニ解説】開戦は「英霊に相すまぬ」からか

これまで書いたように、アメリカの対日石油禁輸については多くが語られているのに対して、「英霊」については皆無に近いようです。そこで、私が調べた代表的な資料の中から、該当部分を抜き出してみました。内容は、どの資料もほぼ一致しています。よって「英霊に相すまぬ」が開戦の最大の理由であることは――少なくとも私は――間違いないと信じています。

○井沢元彦『逆説の日本史』週刊ポスト　2023年8月4日号

「十万の英霊と二十億の国幣」という言葉を覚えておられるだろうか。日露戦争に勝利し南満州に利権を確立するために、日本は十万人の戦死者と二十億の国費を費やした。この犠牲は絶対に無駄にしてはいけないということである。

○寺崎英成ほか『昭和天皇独白録』

之では日本は戦はずして亡びる。

実に石油の輸入禁止は日本を窮地に追込んだものである。かくなつた以上は、万一の僥倖に期しても、戦つた方が良いといふ考が決定的になつたのは自然の勢と云はねばならぬ。

○朝日新聞記事　「戦死者に申し訳ない」という呪縛　2007年12月30～31日

陸軍が中国からの撤兵という要求をがんとしてはねつけていた。

その主張がよく分かるのが、［1941年］10月14日の閣議。東条英機陸相の発言だ。

「撤兵問題は心臓だ。米国の主張にそのまま服したら支那事変の成果を壊滅するものだ。満州国をも危うくする。さらに朝鮮統治も危うくなる。支那事変は数十万人の戦死者、これに数倍する遺家族、数十万の負傷者、数百万の軍隊と一億国民が戦場や内地で苦しんでいる」

（中略）

沢本［頼雄《よりお》海軍次官］　陸軍に（日米）交渉条件の緩和について再考を求めるべきです。

嶋田［繁太郎《しげたろう》海軍大臣］　そんなことをしては陸軍20万の英霊に対して申し訳ない。支那事変の成果を没却するものだという考えはどうにもできない。

○イザヤ・ベンダサン［山本七平］『日本教について』

「英霊に相すまぬ」が、日本に、世界の予測に反する行動をとらせた。事実、あの無意味な戦争を日本はいずれ止めるであろう、というのが世界の常識であった。撤兵したところで、日本は「何かを得そこなった」かもしれぬが、「何かを失った」わけではないからである。
　毛沢東も、いずれは日本人民が立ち上がって、この無意味な戦争をやめさせるであろうと信じていた。

　繰り返しますが、「戦術の失敗は戦闘で補うことはできず、戦略の失敗は戦術で補うことはできない」というのが『失敗の本質』の有名なキャッチコピーです。では、なぜこのようなレベルの高い著作で、この最重要な視点が見事にすっぽり抜け落ちているのか。しつこいようですが、霊のような〝非科学的〟なものについて分析するのは、多くのインテリにとっては完全に「タブー」になっているからとしか考えられません。

【コラム】源氏物語と戦艦大和の共通点

2024年のNHK大河ドラマ『光る君へ』のヒロインは紫式部。井沢元彦氏がよく言うのは、彼女が書いた長編『源氏物語』は、源氏の鎮魂が目的だということです。藤原一族の女官である紫式部が、あえて敵対する人間のサクヤスストーリーを書くことは、日本以外では考えられません。源氏物語は54帖からなる壮麗な物語です。ではなぜ、藤原道長は紫式部に書かせたのか。それは、現世で藤原氏に敗北した源氏を、物語の世界では縦横無尽に活躍させることが、至上の鎮魂になると信じていたからです。

その意味では、大戦末期に2千人もの乗員を乗せ、沖縄に向かう戦艦大和が撃沈された悲劇も同じこと。「大和」の同型艦には「武蔵」もありますが、さほど有名ではありません。なぜなら、大和の方がはるかに悲劇性が高いからです。吉田満氏の代表作『戦艦大和ノ最期』は、後に映画化もされています。

もっとも、いまなら西崎義展氏と松本零士氏のコンビによるアニメーション『宇宙戦艦ヤマト』の方が有名かもしれません。現実の世界では、世界最大最強の戦艦大和は、アメリカ軍の航空機の猛攻により、なすすべもなく撃沈されました。この大ヒットしたアニメは、そういう大和と乗員の無念を晴らすための、極めつけの鎮魂ストーリーなのです。アニメでの宇宙戦艦ヤマトは縦横無尽に活躍し、目的地のイスカンダルに到着後、無事に帰還して見事に地球を救っています。最初のテレビ放映時の人気はさっぱりでしたが、再放送により爆発的にヒット。後にシリーズ化されただけではなく、何回も映画化され、最近でもリメイク版が制作されています。

それだけではありません。2005年4月には、戦艦大和が建造された広島県呉市に「大和ミュージアム」（呉市海事歴史科学館）が誕生したのです。呉市では、年間20万人の来館者を見込んでいました。しかし、実際には予想を大幅に上回る100万人ペースで推移し、2023年12月には、のべ1600万人を突破。まもなく開館20周年を迎えることもあり、同市は約50億円の改修費と2年の期間を費やし、施設のリニューアルを行っています。そのほかに、約40億円の収蔵庫棟の建設も予定されているのです。

このことは、現代の日本人においても、御霊信仰が根強く残っていることを象徴的に示しています。

第二部　古代史のオマージュとしての近代日本

第二部のはじめに

「日本教」については、そのものずばり、山本七平氏のペンネームであるイザヤ・ベンダサン名で『日本教について』という著書があります。この本は、文藝春秋社のオピニオン雑誌『諸君！』の連載をまとめたもので、日本教について知りたいなら必読書です。

ただし、山本七平氏の本は相当レベルが高いので、より平易なものとしては、井沢元彦氏の『言霊《ことだま》』『穢《けが》れと茶碗』『逆説の日本史』、最近のものなら『日本史真髄』が挙げられます。

これからの第二部では、これらについて私なりの基準で整理し、バックデータとして最近の進化心理学の知見も入れ込んで書き上げました。

日本教もそうですが、日本神話を科学的に分析するのは、現在の日本ではタブーに近いのかもしれません。調べてみたところ、日本学術会議に登録されているのは日本古事記学会だけで、日本神話学会や日本書紀学会は発見できませんでした。正直なところ、本当の理由はよくわかりません。なぜなら、「聖書学」は既に確立した学問分野であり、世界的に学術研究が進んでいるからです。ひょっとして、日本のアカデミックな世界には、戦前の「皇国史観」への反感がまだ残っているのでしょうか……。

参考までに、若井敏明氏の『邪馬台国の滅亡』での指摘を紹介しておきます。

＊　＊

『記紀』〔『日本書紀』と『古事記』〕などの国内史料を用いた研究にたいする学界の対応はあまりに冷淡であった。たとえば、田中卓《たかし》氏は戦後一貫して国内史料を利用した古代国家論を提唱してきたが（『日本国家の成立』など）、その主張は反論すらされず、無視されつづけてきた。同様のことは、神武東征から邪馬台国東遷説を主張する安本美典氏にたいしてもいえる。

（中略）

もちろん、わたしがこのように述べても、大半の古代史家は『記紀』などへの懐疑的な姿勢は純学問的なものであって、ここで意図するようなことはないと主張するであろう。しかし、当事者がどういおうと、ただでさえ史料のすくない古代史の分野で、残された史料を積極的に活用しようというしごくもっともなことが企てられても、かたくなにそれを拒否しつづけ、反論すらせずに黙殺に走るのみならず、場合によっては感情的な対応すらとるというのは、その根底に学問とはまた別のなんらかの心理的要素がないかぎり、わたしには説明が困難である。

＊　＊

日本神話ですらそうなのですから、「日本教」のような宗教がかったものは、その傾向がより強いことも考えられます。そうであるなら、最近の進化心理学の知見を取り入れるなどは、問題外なのかもしれません。このことが、山本七平氏の研究を発展させる障害になっているなら、非常に残念なことと言うしかないのですが……。

第六章　日本教とは何か

日本教の４つの「教義」

そのまま「日本教」と言うと、意味が不明かもしれません。しかし、次章で説明するように、おそらくこれは弥生・縄文以来の伝統であり、言い換えれば日本文化の根幹を形成しているものなのです。幸いなことに、最近はかなり内容が整理されてきたので、比較的分かりやすい井沢元彦氏の『逆説の日本史』（第22巻 第六章 補遺編）をベースに説明します。

さて、山本七平氏が日本教の重要な「教義」として挙げたものは、その後の研究も含めて整理すると、ほぼ次の４つに絞られるようです。

1 話し合い絶対主義＝和

2 怨霊《おんりょう》鎮魂

3　言霊《ことだま》
4　穢《けが》れ忌避

1の「話し合い絶対主義」は、「和」が至上の価値で、山本七平氏の『「あたりまえ」の研究』によれば、「『前提なしの無条件の話合いに基づく合意が絶対であり、それを外部から拘束する法的・倫理的規範は一切認めない』こと、いわば超法規的・超倫理的な『話合いの合意』が絶対的な『義』で、これに干渉する権利はだれにもない」ということです。これは多くの人にとっては自明なことなので、素直に納得していただけるでしょう。

2の「怨霊鎮魂」は、人が恨みを持ちながら死ぬと、その霊は怨霊となって、現実の世界に疫病や災害をもたらすため、霊は丁重に鎮魂する必要があるという思想です。そしてまた、祖先の霊は子孫を護ってくれるとされます。これは、縄文時代ぐらいからあると言っても不思議に思う人はいないはずです。

3の「言霊」は、「言葉は霊力があり現実を動かす」ということです。そんな非科学的なことを信じている人はいない、と怪訝《けげん》に思う人が大多数でしょう。これも、少なくとも『万葉集』からは確認できるので、それ以前から存在していることは確実です。現代では、「忌み言葉」に象徴的に現れています。

4の「穢れ忌避」は、日本では遊牧民族のように日常的に「血」や「肉」に触れることがなかったため、これらが「穢れ」とされて忌避されるということです。穢れの最高のものは、言うまでもなく「死穢《しえ》」ですから、死に向き合う人間、たとえば兵士などは差別の対象になります。★1 いや、それはおかしい、神風特攻隊はどう説明するのかという反論があると思うのですが、これは「命を賭けて」自分の共同体に尽くすことなので意味が違います。「過労死」も同様です。

では、これら4つの「教義」について、具体例も交えて検討していきましょう。

話し合い絶対主義のサイエンス

最初に説明する「話し合い絶対主義」は、聖徳太子の十七条憲法の第1条に書いてあるためか、最近は割と有名になってきたようです。分かりやすいように、この第1条の原文と現代語訳をウィキペディアから引用します。

＊　＊

一に曰く、和《やわらぎ》を以て貴しと為し、忤《さか》ふること無きを宗とせよ。人皆党《たむら》有り、また達《さと》れる者は少なし。或いは君父《くんぷ》に順《したがわ》ず、乍《また》隣里《りんり》に違う。然れども、上和《かみやわら》ぎ下睦《しもむつ》びて、事を論《あげつら》うに諧《かな》うときは、すなわち事理おのずから通ず。何事か成らざらん。

［現代語訳］

おたがいの心が和らいで協力することが貴いのであって、むやみに反抗することのないようにせよ。それが根本的態度でなければならぬ。ところが人にはそれぞれ党派心があり、大局をみとおしているものは少ない。だから主君や父に従わず、あるいは近隣の人びとと争いを起こすようになる。しかしながら、**人びとが上も下も和らぎ睦まじく話し合いができるならば、ことがらは道理にかない、何ごとも成しとげられないことはない。**

＊　＊

そんなのは当たり前だとして、さらり読み流してしまう人も多いかもしれませんが、これは考えてみるとおかしいのです。そもそも、みんなで話し合っても、必ずしも正しい結論になる保証はありません。それなのに、「前提なしの無条件の話し合いに基づく合意が絶対であり、それを外部から拘束する法的・倫理的規範は一切認めない」（前出の『「あたりまえ」の研究』）。そうだとすると、大東亜戦争の開戦は、政府・軍中枢の話し合いで決めたのだから、そうするしかなかったということになります。

稟議書に見る話し合い絶対主義

ここで、現在でも一般的な「話し合い絶対主義」の具体例を出しておきます。もしあなたが日本のビジネスマンなら、稟議《りんぎ》書という文書があることは常識でしょう。何かを決定するのに、毎回会議を開くのは大変なので、書面上で開催したことにし、担当者から決定者まで全員の判子を押して承認してもらうというアレです。もっとも、最近は判子ではなく、パソコンなどで電子的に承認している人も多いかもしれませんが……。

しかし、こんなことは世界的には例外で、チャットGPTに質問すると、次のように**「日本独自のビジネス文化と行政プロセスに根ざした文書」「形式やプロセスは日本の組織構造に特有」**とあります。つまり、日本以外では、何かを決定するときに、関係者全員で「話し合う」ということはしないのです。

○稟議書に相当する具体的な文書は、英語圏には存在しません。**稟議書は、日本独自のビジネス文化と行政プロセスに根ざした文書であり、その形式やプロセスは日本の組織構造に特有のものです。**
○英語圏の企業や組織では、稟議書と同様の目的を果たすために「提案書」(proposals)や「事業計画書」(business plans)などの文書が使用されます。
○しかし、稟議書のように厳格なフォーマットや階層的な承認プロセスを必ずしも要求されるわけではありません。**英語圏の組織では、これらの文書がより柔軟な形式で使用され、**

組織のニーズや文化に応じて調整されることが一般的です。

日本のビジネスマンなら十分におわかりかと思いますが、うっかりして稟議書に関係者の判子をもらうのを忘れたりすると、本当に大変なことになります。「聞いてない」「独断的」と言われて非難されて仕事が進まないどころか、場合によっては「聞いてない」という人間が積極的に妨害してきたりするのです。

五箇条の御誓文

そういう伝統は極めて根強いため、近代の幕開けとなる1868年（明治元年）の「五箇条の御誓文」でも、「話し合い絶対主義」が国是として冒頭に強調されています。これは、明治天皇が神霊と皇祖皇宗に誓うという形で読み上げられたもので、明治天皇以下すべての人々がこの内容に従うことを誓っているのです。

○五箇条の御誓文

一、廣ク會議ヲ興シ萬機公論ニ決スヘシ

一、上下心ヲ一ニシテ盛ニ經綸《けいりん》ヲ行フヘシ

一、官武一途庶民ニ至ル迄各其志ヲ遂ケ人心ヲシテ倦マサラシメンコトヲ要ス

一、舊來《きゅうらい》ノ陋習《ろうしゅう》ヲ破リ天地ノ公道ニ基クヘシ

一、智識ヲ世界ニ求メ大ニ皇基ヲ振起スヘシ

［明治神宮による現代語訳］

一、広く人材を集めて会議を開き議論を行い、大切なことはすべて公正な意見によって決めましょう。

一、身分の上下を問わず、心を一つにして積極的に国を治め整えましょう。

一、文官や武官はいうまでもなく一般の国民も、それぞれ自分の職責を果たし、各自の志すところを達成できるように、人々に希望を失わせないことが肝要です。

一、これまでの悪い習慣をすてて、何ごとも普遍的な道理に基づいて行いましょう。

一、知識を世界に求めて天皇を中心とするうるわしい国柄や伝統を大切にして、大いに国を発展させましょう。

それだけではなく、この五箇条の御誓文は、なんと戦後に初めて迎える新年（1946年1月1日）の昭和天皇による「新日本建設に関する詔書」（いわゆる「天皇の人間宣言」）の冒頭でも強調されているのです。

○新日本建設に関する詔書
茲《ここ》ニ新年ヲ迎フ。顧ミレバ**明治天皇明治ノ初國是トシテ五箇條ノ御誓文ヲ下シ給ヘリ**。曰ク、
一、廣ク會議ヲ興シ萬機公論ニ決スヘシ
（以下略）
［日本まほろば社会科研究室、明治神宮による現代語訳］
ここに新年（1946年1月1日）を迎えます。思い起こしてみれば、**明治天皇が明治の初めに、国家の方針として五箇条の御誓文を作成なさいました**。明治天皇は天地の神々や祖先たちに対して以下の内容をお誓い申し上げなさいました。
一、**広く人材を集めて会議を開き議論を行い、大切なことはすべて公正な意見によって決めましょう**。
（以下略）

一揆の規約

この「話し合い絶対主義」は、中世の一揆の規約にも見られます。次にあるように、山本七平氏の『日本型組織　存続の条件』によると、「何事も一揆に諮り多勢によるべし」だそうで、

これは、一揆のメンバー全員による話し合いが絶対ということを意味しています。

＊　＊

一揆の規約については、原則があって、「抜け駆けをしないこと」、これが第一条。**次に何事も全部一揆のメンバーに相談すること。「何事も一揆に諮り多勢によるべし」**。それから一揆内の揉めごとは絶対に外に出さないこと。どのような揉めごとがあっても、みんなが集まって来てみんなで相談してみんなの意見を聞けと。

＊　＊

きりがないのでこの程度にしておきますが、日本では、おそらく縄文や弥生の昔から話し合い絶対主義であったことが理解できると思います。これは、しばしば聞く、「恥は地獄まで持っていく」という台詞《せりふ》の説明にもなっているのです。なお、なぜこのメカニズムが発生したのかについては次章で説明します。

怨霊鎮魂のサイエンス

次に、2番目の「怨霊鎮魂」について説明しましょう。日本では、人間は死後に霊となり、**その霊が成仏せずに恨みや不満を持ったままだと怨霊化し、生きている人々に対して災いや不幸をもたらすことがある**とされます。これまたチャットＧＰＴに質問してみました。

「怨霊」とは、日本の伝統的な信仰や民間伝承において、死後に恨みや不満を持ったまま成仏できずに留まる霊のことを指します。この概念は、日本だけでなく、多くの文化や宗教において見られる考え方です。

＊　　＊

怨霊に関する特徴は以下のように説明されます。

○未解決の恨み　怨霊は、生前に解決されなかった恨みや不満、悲しみ、怒りなどの強い感情を持っているとされます。これらの感情が霊をこの世に縛り付ける原因となると考えられています。

○不幸の原因　怨霊は生きている人々に対して災いや不幸をもたらすことがあるとされます。このため、多くの地域で怨霊を鎮めるための儀式や祭りが行われています。

○宗教的な側面　仏教や神道などの宗教的な文脈では、怨霊は成仏できずにさまよう霊として解釈されることが多く、これらの霊を慰め、成仏させるための儀式が行われることがあります。

＊　　＊

なお、日本を護るために戦った兵士の霊については、特に敬意を込めて「英霊」と呼ばれます。大東亜戦争では、日本開闢以来の数百万人以上の方がお亡くなりになりましたが、その多くは靖国神社に英霊として祀られています。この英霊の拘束力は、驚くほど強力なことは言うまでもありません。

英霊に相すまぬ

つい最近再発見したのですが、イザヤ・ベンダサン名義の『日本教は日本を救えるか』では、大東亜戦争の開戦には「英霊に相すまぬ」という呪縛があったとして、こう述べています。

＊　　＊

記録によると、太平洋戦争［大東亜戦争］の始まる前、日米間を何とか調整しようと努力していた近衛公（注：近衛文麿）の前に立ちはだかったのは、実はこの「霊」であった。

アメリカ側の主張は、たいていは涙をのんでも呑む、だが中国からの撤兵は「英霊に相すまぬからできぬ」という陸軍側の言葉には、近衛公も説得も反論もできなかった。とすると、**中国の泥沼から太平洋戦争へ、ついで敗戦へという決定的な道をとらせたのは「霊」であった。**

いっぽう、アメリカ人すなわちキリスト教徒には、こういった意味の「霊」は存在しないから、「英霊に相すまぬから」といってベトナム撤兵に反対するアメリカ人は一人もいないし、いるわけもないし、こういった言葉が人びとに決定的な影響を与えて方向を決めてしまうこともありえない。

＊　＊

これだけ書けば、本書の役目は終わったも同然です。実は、同じ内容を書くのに四苦八苦していたのですが、まさか山本氏本人が書いていたとは……。ひょっとして、以前は私の問題意識が薄く、これまたうっかり読み過ごしていたのかもしれません。

そして、さらに不思議なことには、この**「英霊に相すまぬ」が開戦の最大の理由であるとは、どの大東亜戦争の分析や解説にもまったくと言っていいほど書かれていないのです。**奇妙なことに、『失敗の本質』のようなレベルの高い解説書ほど、そんな傾向が顕著のようです……井沢元彦氏をほぼ唯一の例外として。[★2]

やはり、「霊」などという〝非科学的〟なものを信じることが、明治以来の「科学的」啓蒙主義で、日本人にとって完全にタブーとされているからとしか考えられません。「超能力」や「ＵＦＯ」がまともなものとして扱われていないのと同じです。これは、前述したように、若井氏が学会における日本神話の扱いについて嘆いたとおりです。

お断りしておきますが、私は現実に「霊」が存在している……と主張したいのではありません。霊が実体として存在するかどうかとは関係なく、日本人の意識の中に実在することに疑いはないし、それがたかだか80年ほど前には、国が滅びるほどの極めて強力な拘束力を持っていた、という「事実」を事実として指摘しているだけです。

その意味では、山本氏が指摘するように、日本は一神教のキリスト教国やイスラム教国以上の徹底した宗教国家であり、現在でもそうだと言えるのではないでしょうか。そして、ここが最重要なポイントなので繰り返しますが、**「霊」の存在が〝非科学的〟なものとされ、後述する「穢れ」として無視する、ということが現在でも科学的に正しい態度だとされていることです。**だから、科学的で真面目な『失敗の本質』のような本ではまったく出てこないし、そんな本を読む真面目で誠実な人ほど、「本当」の理由が分からないという、極めて奇妙なことになります。

もっとも、これだけ分かっていたなら、なぜ山本七平氏自身が『「空気」の研究』に明記せず、イザヤ・ベンダサン名でわざわざ別の本に書いたのか、という点は謎として残ります。やはり、リアルタイムで戦争を体験した世代の人間には、極めて心理的抵抗が大きく、どうしても書きたくなかったのでしょうか。あるいは、こんなことは誰でも知っていて、常識中の常識だから、わざわざ書く必要もないと思っていたのか……[★3]。

「戦死者に申し訳ない」という呪縛

２００７年と少し古いのですが、既出の朝日新聞の戦争関係記事[★4]にも、「英霊に申し訳ない」という記述があります。学術的な研究ではないため、そういうタブーが少ないからかもしれません。

この記事によると、１９４１年8月の日本は、アメリカの石油禁輸により、極めて重要な選択に直面していたとあります。選択肢は2つで、１つはオランダ領インドネシアやイギリス領マレーシアを武力で制圧し、米英と全面戦争をすること。もう1つは、アメリカの要求に応じ、中国から撤兵することです。

昭和天皇や当時の首相は、日本が軍事的・工業的にアメリカにはるかに劣っているため、「必敗」の戦争を避けたいと考えていましたが、陸軍は中国からの撤兵を拒否。そして、１９４１年10月14日の閣議での東條英機陸相は、次のように発言したとされます。

＊　＊

「戦死者に申し訳ない」という呪縛

「撤兵問題は心臓だ。米国の主張にそのまま服したら支那事変の成果を壊滅するものだ。満州国をも危うくする。さらに朝鮮統治も危うくなる。支那事変は数十万人の戦死者、これに数倍する遺家族、数十万の負傷者、数百万の軍隊と一億国民が戦場や内地で苦しんでいる」

「駐兵は心臓である。（略）譲歩、譲歩、譲歩を加え、そのうえにこの基本をなす心臓まで譲る必要がありますか。これまで譲り、それが外交とは何か、降伏です」

この記事では、戦前の日本では「英霊に相すまぬ」「戦死者に申し訳ない」という論法が当然とされたと続き、その例として、日露戦争後、元老山県有朋は関東州返還問題において、「20億の資材と20余万の死傷をもって獲得した戦利品を返還できない」と主張したとあります。そして、このような「英霊」に申し訳ないという感覚が、戦争を継続させ、最終的には本土決戦へと進む一因となった可能性があると結んでいます。

＊　　＊

賭け事が嫌いな日本人

第一章で、〝突然〟の対日禁輸の経緯は解明されたと思います。従来の大東亜戦争を分析した研究では、日米関係しか注目していなかったケースがほとんどです。だから、いまだにルーズベルトの陰謀論が流行っているのではないでしょうか。もちろん、当初は開戦したくなかった日本を、自らの意図どおり戦争に引きずり込んだのは、チャーチルとルーズベルトの政治家としての手腕です。しかし、それはしばしば言われるような「戦争好き」のためではなく、冷徹な計算に基づいた「ギャンブル」ということになります。日本軍の真珠湾攻撃の情報を得たチャーチルは興奮を抑えきれず、ノーベル文学賞を受賞した『第二次世界大戦』では、こう書いています。

「イギリス連邦とイギリス帝国は生き残るだろう」
「ヒトラーの運命は決まったのだ。ムッソリーニの運命も決まったのだ。日本人についていうなら、彼らはこなごなに打ち砕かれるだろう」

残念ながら、日本はそのギャンブルに負けました。その意味では、日本は賭け事が嫌いなお人好しだったのかもしれません。確かに、国際比較アンケートでも「祖先には霊的な力がある」「リスクはすべて避ける」という傾向が明確に出ています。次は31～32頁の再掲です（池田信夫『「空気」の構造』や鈴木賢志『日本人の価値観』による）。

○祖先には霊的な力がある……34か国中1位（63・0％）
○宗教を信じていない……93か国中5位（63・5％）
○リスクはすべて避ける……51か国中2位

面白いのは、「宗教を信じていない」という回答でも国際調査で上位に来ていることです。それは、「祖先には霊的な力がある」はあくまで習俗 customs であり、宗教 religion とは違うと多くの日本人が考えているからでしょう。

肝試し大会に対する日米の対照的な反応

ここで、私の若かりし日のユーモラスな体験をお話しします。

あるとき、アメリカの高校生グループが日本を訪れ、夏休みを利用して地元の高校生たちと親善交流を行いました。何故か私もこの交流に誘われ、1日だけ彼らと時間を共有することになったのです。

この交流で特に興味深かったのは、共同で行ったキャンプでの肝試し大会でした。一部の生徒が幽霊に扮し、他のグループを驚かすという、皆さんにもお馴染みのイベントです。高校生にもなれば、男女問わず幽霊を信じる人は少ないはずですが、日本の高校生たちは予想どおりの反応を見せました。特に女子生徒たちは、大いに驚き、一部は泣き叫ぶほどでした。一方、アメリカの高校生たちは驚くどころか、全く動じず、笑顔を絶やしませんでした。

私自身も少しは怖かったぐらいですから（笑）、アメリカの高校生たちも少しは反応するだろうと予想していました。が、彼らはまったく平然としていたのです。「幽霊」たちは彼らを怖がらせるために、さらに大胆な演出を繰り出しましたが、アメリカ人生徒たちはそれでも全く動じませんでした。ついには、幽霊をからかうグループまで現れる始末……。

この経験から、ほとんどのアメリカ人は幽霊を信じないのに対し、多くの日本人は、幽霊の存在をどこかで信じているという、文化的な違いが浮き彫りになりました。この国際交流キャンプは、日米間の宗教観の違いを鮮明に示す一例となったのです。

さらに、冒頭に書いた『「空気」の研究』にあるエピソードとも共通点があります。日本人とユダヤ人が共同で行った遺跡の発掘では、戦場や墓場で発見された人骨に対する両者の反応に大きな違いがありました。科学的には、人骨は単なる物質であり、超自然的な力を持つとは考えにくいですが、実際には日本人の多くが「霊魂」の影響を受けてしまい、人骨の運搬作業を始めると、まもなく高熱を出して寝込んでしまったのです。

もちろん、私も霊魂なんて信じていませんが、なるべくなら人骨の発掘は遠慮したいです。その意味では、私も結果として「幽霊」は信じていることになります……。

日本一の大魔王・崇徳天皇

別の例として、日本一の大魔王とされる崇徳《すとく》天皇の霊について説明しておきます。以下の情報は、チャットGPTからの出力を一部修正したものです。

＊　　＊

崇徳天皇（１１１９～１１６４年）は、日本の第75代天皇で、在位期間は１１２３年から

1142年にかけてです。その治世は、武士の力が台頭し始めた時代と重なっています。

彼は、皇位継承のトラブルから「保元の乱」を引き起こし、結局は敗れて讃岐へと流されました。そして流された土地の讃岐では、相手となった弟・後白河天皇に恨みを募らせ、自ら舌を噛み切った血で、呪いの誓文を書き記したとされます。

それが、「日本国の大魔王となり、皇を取って民とし民を皇となさん」という一文です。つまり、魔王中の魔王となって、天皇を平民に引きずりおろすと宣言したのです。一説には、死ぬまで髪も爪も伸び放題にし、あたかも鬼夜叉のようなおぞましい姿だったとされます。流刑地での生活は厳しく、上皇は讃岐で崩御しました。

その後、戦いの勝利者となった後白河天皇（法皇）側では、周りの人々が次々と亡くなり、延暦寺の強訴、安元の火災などの不吉な出来事も続々と起こったため、これらは崇徳上皇の祟りと噂されるようになります。やがて鎌倉幕府が成立すると、この予言は現実のものとなりました。

崇徳天皇陵（白峯陵）は、香川県坂出市にあります。大政奉還によって明治維新を迎えると、明治天皇は即位の礼に先立って勅使を派遣し、京都にその名を冠した白峯神宮を創建。さらに、昭和天皇は、崇徳天皇800年祭に当たる1964年に香川県の崇徳天皇陵に勅使を遣わし、式年祭を行っています。歴代天皇が、いかに崇徳上皇の怨霊を恐れ、鎮魂に努めてきたかということが感じられます。

言霊のサイエンス

では、3番目の教義である「言霊《ことだま》」に移ります。前出のアンケート調査の項目にはありませんが、多くの日本人は、「言霊」も信じています。言霊とは、簡単に言えば、「言葉」には「現実を動かす力」があるということです。万葉集には、柿本人麻呂の歌「敷島の大和の国は　言霊の幸《さき》はふ国ぞ　ま幸《さき》くありこそ」が収録されています。これは、「日本の国は、言霊によって幸せになっている国です。これからも平安でありますように」という意味です。

そこで、これまたチャットGPTに質問してみました。

＊　　＊

「言霊」は、日本の伝統的な文化や宗教観に根ざした概念で、文字どおりには「言葉の霊」と訳されます。この概念は、言葉自体に霊的な力が宿るという信念に基づいています。古来、日本の神道や民間信仰の中で重要な役割を果たしてきました。

言霊の基本的な考え方は、言葉が単なるコミュニケーションの手段を超え、実際に現実に影響を及ぼす力を持つというものです。このため、肯定的な言葉は良い結果をもたらし、否定的な言葉は不吉な結果を引き起こすと考えられています。言霊の概念は、言葉を選び、発する際の注意や、言葉の力を尊重する日本の文化的慣習に影響を与えています。

この概念は、神道の祭りや儀式においても見られます。神道では、祝詞《のりと》と呼ばれる特別な言葉を唱えることで、神々とのコミュニケーションを図り、神聖な力を呼び込むとされています。また、日常生活においても、言葉を慎重に選ぶことが良い運命や結果を招くという信念が根強く残っています。

＊　＊

井沢元彦氏は、日本が無謀とも言える大東亜戦争、特に国力が隔絶している米英戦に突入していった原因は「言霊」であるとして、前出の『逆説の日本史』（第22巻）でこう説明しています。

＊　＊

なぜ戦争を回避できなかったのか？「アメリカと戦争すれば負ける」という「縁起でもない想定」を受け入れることができなかったからである。それに近いことを口にした、海軍きっての優秀な軍人山本五十六は命を狙われた。現場を熟知している専門家が「やめろ」と言えば普通の国家なら戦争はしない。だが「言霊国家日本」では「負ける」と言えば、その言葉によって「負けるという方向に現実が動く」と人々は信じているから、その言葉を口にする人間は

「日本が負けることを望んでいるヤツ」ということになり、「非国民だ、殺してしまえ」ということにもなるわけである。

＊　＊

この結果、政府・軍首脳から一般国民まで「日本が勝つ」と主張する人間ばかりになり、ついに山本五十六は「左遷」されました。そして、このことは何百万人もの膨大な犠牲者が発生し、ついには国土のほとんどが焼け野原と化すまで変わらなかったのです。よって、井沢氏は、「なぜ冷静な判断ができなかったのか？」という質問はナンセンスであると断じています。

『日本教について』での言霊への言及

そこで、改めて『日本教について』を読み直したら、なんとほぼ同じことが書いてある文章を発見。次はその内容です。もっとも、これについては「応答できない論理ですから、議論は不可能」とだけあり、明示的に「言霊」だという説明はないため、すっかり忘れていたようです。だからあまり印象に残っていなかったのでしょうか……。

＊　＊

○日本人はよく、日支事変から太平洋戦争にかけて、軍部が言論を統制して国民に事実を知らせなかったからあのような結末になったのだと主張します。しかしこの主張は偽りです。

もし偽りでなければ自己欺瞞です。

○国民には何もかもわかっていたはずです。政府が発表しようがしまいが、中国の戦線は膠着《こうちゃく》状態、また日常生活の最低限の必需品は次々と姿を消し、前途には何の見通しも立っていない。

○大陸から復員して来るおびただしい数の兵役を完了した老兵士たちは、その実状を知人・友人・親戚等にはありのまま語っていましたから、すべての日本人は、驚くほど正確に実状を知っておりました。

○それでいてだれひとりその「実状」を「ひとりごと」以上には口にできないのです。**口にしたら最後、「そういう弱気なやつがいるから今日の事態を招いたのだ」という反論（？）に会い、その「弱気を口にした人間」が今日の事態の全責任を負う結果になるからです。**

○日本人が太平洋戦争を自分の方から開始したのは、この論理の帰結です。

○この論理（論理といいうるならば）がなぜ通るのか、そして、なぜ有識者・学者・言論機関がほぼ一致してこの論理に同調するのか、という問題です。**これは応答できない論理ですから、議論は不可能です。従って日本人には議論はありえません。**

穢れ忌避のサイエンス

最後となる4番目は「穢《けが》れ忌避」です。穢れはケガレと呼びますが、汚れという別の漢字もあります。では、具体的にどう違うのか。汚れは主にヨゴレのような物理的なものを指しますが、穢れは観念的で宗教的なものを指すのです。当然ながら、血や死穢、病気、風雨・地震災害も穢れに含まれ、罪や過ちも含まれるというのが歴史的な意味だそうです。井沢氏の『穢れと茶碗』には、その典型的な例として「茶碗」や「割り箸」が挙げられています。

和食器、特にご飯をいただく茶碗は、普通は誰が使うかそれぞれ決められています。たとえ家族のものでも、自分以外の茶碗を使うのは、少しためらわれます。その理由は「穢れ」のためで、科学的に汚れているかどうかとは関係ありません。なぜなら、洋食器なら誰が使うか気にしないからです。それは「箸」も同じで、「割り箸」は誰も使ってないため穢れがない、と感じるから日本人には好まれるのです。これも洋食器と同じで、スプーンやフォークなら、誰が使うかなんて気にしません。

では、穢れを落とすにはどうすればいいのでしょうか。前出の『穢れと茶碗』によると、それは物理的に実在するものではないので、消毒液や石鹸では落ちないそうです。

＊　　＊

穢れを落とす唯一、無二の方法

それは何かというと、実は「禊《みそ》ぎ」、または「祓《はら》い」です。

これは大事なことですので繰り返しますが、穢れというのは、科学的、合理的なものではありません。つまり、実際には存在しないものです。実体はないのです。しかし、われわれはそれを感じています。感じるということにおいて、それは存在しているわけです。

したがってそれは、石鹸で落とそうと思っても落ちない。

では、穢れを落とすためにはどうすればいいかというと、穢れ自体が古代日本人が考えた原理がそのまま伝わってきているわけですから、落とすのも、結局古代日本人が考えていた方法によるしかない。それが禊ぎと祓いです。

「祓い」というのはよくご存じのお祓いです。神主さんが榊《さかき》の枝などを持って、パッパッパッとお祓いをしてくれます。

では「禊ぎ」とは、どのようなものか。これも簡単です。「広辞苑」によると、こうあります。

「身に罪または穢れのある時や重大な神事などに従う前に、川や海で身を洗い清めること」

つまり禊ぎというのは、具体的には水で体を洗い清めるということです。

日本人は「無宗教」なのか

普通の日本人の感覚では、一神教や仏教のような、教義が客観的に定義されているものを「宗教」としています。繰り返しになりますが、日本人はたぶん欧米人以上に宗教的な民族で、それは山本七平氏の『「空気」の研究』にあるとおりです。

この点について、池田信夫氏は、このことは日本人の特殊性ではないし、「排泄《はいせつ》物や死体などをタブーとして便所や墓地に隔離することは、定住社会で感染症から身を守る重要な慣習」として、自らのブログで次のように述べています。

＊　　＊

人類の大部分は狩猟採集民として移動生活を送っていたので、子供は排泄物を始末する行動を遺伝的に身につけていない。これを教え込むためにケガレの観念ができ、汚れていないカミ（神＝上）の信仰が生まれた。これは初期には祭祀に使われる土偶や土器のような物だったと思われ、縄文時代には多くの土器や土偶が出土している。

カミは大小便や血などのケガレとは無縁の清い存在なので、その御神体は山の中に置かれ、人々はそこに集まった。それは環境汚染からの自衛策だったが、集落の規模が大きくなるにつれて観念的なタマ（魂）が崇拝の対象になり、その代理人としてシャーマン（巫女）が出てきた。天皇はその延長上で生まれたヒトガミの集約だった。

日本人は「無宗教」だといわれるが、宗教という言葉は明治時代にキリスト教をモデルにしてつくられたもので、このような日本人の信仰を表現するには適していない。というよりキリスト教と仏教以外のほとんどの宗教は、僧侶や教団などの組織をもたない点で宗教とはいえない。むしろ日本人のカミのほうが普遍的なのだ。

（池田信夫ブログ「日本人の『無宗教』は普遍的である」2023年8月23日）

＊　　＊

合理的に説明できない行動の多くは宗教的な動機によるもので、日本は平和だったため、縄文以来の伝統が多く残されているようです。多くの日本人――特に理系の人間――は、進化論を例に出して、欧米人とは違い、日本人は「無宗教」だと自己規定していますが、[★5]事実としてそんなことは全くありません。

たとえば、元旦になれば、何千万人もの日本人が大挙してご来光を拝んだり初詣に出かけますが、実はこれは割と最近の現象です。東京だと、鉄道会社が始めた大正ぐらいからの習慣らしいです。

私が子供のころの田舎には、元朝参りなんて暗くて寒いし、そもそも夜は電車がないし、自家用車もないので無理でした。ところが、現在は私の住んでいる田舎町でさえ、どの神社も元旦は初詣客で大混雑ですし、初日の出スポットも大人気です。

地元のパワースポットの神社やお寺は、テレビで紹介された途端、休日は若者の車で溢れかえるようになり、駐車場を大拡張しました。

また、いい歳の大人である私でも、幽霊は少し怖い（笑）ですが、これは科学とは全く関係ない。一神教なら、そういう霊を感じるのは宗教的に禁止されているので、キリスト教だけでなく、イスラム教の信者でも幽霊は感じないのです。

きりがないので止めますが、これが明治的啓蒙主義の欠陥で、そういう〝非科学的〟なものは「ない」ことにしてしまった（『「空気」の研究』）のは大失敗だったと思います。だから、そんなことを研究するのは「非科学的」だということになって、どの学界でも大きなタブー。

幽霊が実在するというのではなく、どうして日本人が「非科学的」な幽霊を信じるのかという研究でさえタブーなのです。どうやら、幽霊の研究は一種の「穢れ」ということらしいです。超能力の研究も同じで、私も超能力なんて信じていませんが、研究すること自体もタブー化しています。しかし、進化論を否定する人が多いアメリカでは、超能力の研究は必ずしもタブーではなく、真面目に研究している人も少なくありません。これも興味深い現象です。

「天皇の人間宣言」と日本型組織

いままでの説明のまとめとなりますが、山本七平氏が名付けた、日本教の「話し合い絶対主義」は、唯一神との契約が絶対のアメリカ的社会とは根本的に違うのです。これは、終戦後初めて迎える新年1946年1月1日の「新日本建設に関する詔書」（いわゆる「天皇の人間宣言」）に明確に書いてあります。

＊　＊

然レドモ朕ハ爾等《なんじら》國民ト共ニ在リ、常ニ利害ヲ同ジウシ休戚ヲ分《わか》タント欲ス。朕ト爾等國民トノ間ノ紐帯《ちゅうたい》ハ、終始相互ノ信頼ト敬愛トニ依テ結バレ、單ナル神話ト傳説トニ依テ生ゼルモノニ非ズ。天皇ヲ以テ現御神《あきつみかみ》トシ、且日本國民ヲ以テ他ノ民族ニ優越セル民族ニシテ、延テ世界ヲ支配スベキ運命ヲ有ストノ架空ナル観念ニ基クモノニモ非ズ。

［まほろば社会科研究室による現代語訳］

しかしながら、**私はあなたがた国民とともにあり、常に利害を同じくして喜びと悲しみ（休戚）を分かち合いたいと思います。私とあなたがた国民との間の結びつき（紐帯）は、終始お互いの信頼と敬愛による関係であり、単なる神話と伝説によって生まれるものではありません。**また、天皇を以って現御神とし、また日本国民だから他の民族に優越するものとして、ひいては世界を支配すべき使命を持っているといった架空の観念に基づいた関係でもありません。

＊　＊

まさに、天皇と国民は運命共同体、疑似血縁集団だと表明しているわけです。そして、これが当時の国民の圧倒的な支持を得たことは、この詔書発表のすぐ後に行われた戦後巡幸で、昭和天皇がすべての地方で熱狂的な大歓迎を受けたことで明らかです。これは次章で説明します。

靖国神社が必要な理由

この章の最後に、日本教の応用問題として、靖国神社が必要とされる理由を説明します。イザヤ・ベンダサン名の『日本教は日本を救えるか』によれば、アメリカ大統領アイゼンハワー（愛称：アイク）は、１９６０年安保反対運動で中止された訪日の日程に、幻となった明治神宮の参拝が予定されていたとのこと。

＊　　＊

アイク訪日の日程に、明治神宮「参拝」が入っていた。当時、日本のあるキリスト教団体が、キリスト教アイクが神道の神社に参拝するのはおかしいし、これは憲法に定められた信教の自由に抵触する、と言って反対を表明した。

（中略）

おそらく彼は彼の尊敬する先輩、同じように軍人大統領だったグラント将軍が、前大統領として明治天皇と会見したことを知っており、そこで明治天皇の墓を訪れて敬意を表し、遺品館に立ち寄ってグラント将軍との会見に関する遺品や資料を参観するつもりだったのだろう。

これは彼にとって、パリを訪れた際、ナポレオン墓所を訪れるのとまったく同じ事であった。

＊　＊

ここまで読んできた方なら、靖国神社の役割は何なのか、もはや説明は不要だと思います。無名戦士の「墓」である千鳥ヶ淵墓園は、残念ですが靖国神社の代わりになりません。なぜなら、「墓」には戦没者の「霊」は存在していないからです。「英霊」が祀られているのは、あくまで神社であって墓ではありません。日本教では、御霊信仰は最高の教義ですから、鎮魂をしないことは絶対に許されざることです。だからこそ、日本人の代表である内閣総理大臣が靖国神社に参拝しないことに対して、少なくない日本人が非常に不満に思っているわけですから、言い換えれば、政治的理由により、「日本教」の信教の自由が明確に侵害されているわけです。そういう人が面白くないのも当然です。もちろん、首相の靖国神社参拝について、現実とどう折り合いを付けるのかは、別の問題になりますが……。このように、日本教の教義に沿って考えると、靖国神社の参拝問題は、最終的には宗教的な問題に帰着することになります。

★1　かつては一般的だった自衛隊員への〝差別〟、軍隊を認めない「憲法第9条」の極端な強調など

★2『逆説の日本史』（第22巻　明治維新編）「英霊に申し訳ないから撤兵できない、だから

連合国と戦争するしかない」（435頁）

★3　古代のトイレの笑い話と同じこと。古代の（庶民の）トイレはどんな形なのか誰でも知っていたはずなのに、記録にないため現在では不明とされる。

★4　朝日新聞デジタル「「戦死者に申し訳ない」という呪縛」2007年12月30〜31日

★5　前出の国際比較アンケート調査では、日本では進化論を信じている割合が90・1％で25か国中1位なのに対して、アメリカ人では半分以下の46・2％で最下位。

【まとめ】

○日本教の主な「教義」は次の4つである
○前提なしの話し合い絶対主義（和）
○怨霊鎮魂（怨霊にならないよう神社にお祀りする）
○言ったことが実現するという言霊信仰（忌み言葉が存在する）
○穢れ忌避（お清めやお祓いが必要）

【コラム】現代における「英霊に相すまぬ」

「英霊に相すまぬ」は、現代でも健在です。その極めて痛ましい例を2つほど挙げておきます。最初は、2018年に起きた、愛知県豊田市の小学校1年生が、校外学習後に熱中症で死亡した事故についてです。

○日本経済新聞「小1熱射病死亡、豊田市長が陳謝」2018年7月18日

市立小の1年男児（6）が校外学習後に熱射病で死亡した愛知県豊田市の太田稔彦市長は18日の記者会見で、「異常気象を踏まえた対策としては不十分だった」と校外学習を中止しなかった学校の判断の誤りを認め陳謝した。市教育委員会は市立学校104校に高温下での活動の中止や延期を検討するよう通知した。

市は来年度から3年間で市立学校の全教室にエアコンを設置する計画を前倒しする検討を始めた。

この記事を読んで首をかしげる人は少なくないはずです。豊田市は日本最大の企業であるトヨタ自動車のお膝元。言うまでもなく、日本有数の裕福な都市です。それがなぜ、市立学校の

全教室にエアコンを設置していなかったのか。

理由は単純で、文科省のエアコン設置補助金の予算要求を、財務省がことごとく却下していたからです。国の補助金が付かないということは、財源の関係で政策の優先度が下がり、自治体では事業化しにくいという事情があります。このため、公立小中学校（普通教室）へのエアコン設置率は、事故当時は全国平均ではほぼ半分にとどまっていました。

では、その後はどうなったのか。驚くべきことに、あれだけ頑《かたく》なに補助金を渋っていた国は、その態度を百八十度転換し、**文科省は事件が報道された翌月の8月に、全公立小中学校のエアコン設置の補正予算817億円を要求。そして、この補助金により、翌年の夏までに日本の大部分の公立小中学校（普通教室）にエアコンが付いたのです。**これまた極端だと言わざるを得ません。

2番目は、世界でも屈指の広告代理店「電通」で過労死した高橋まつりさんの例です。

○産経新聞「東大卒エリート美女が自殺までに綴った「苦悶の叫び」50通　電通の壮絶「鬼十則」が背景か」2016年10月15日

広告大手代理店「電通」に勤めていた高橋まつりさん＝当時（24）＝が、過労を苦に自殺したことが波紋を広げている。高橋さんは直前の2カ月、友人や母親らに、LINEやツイッターなどで「過労」をうかがわせる50通以上のメッセージを発信していた。「本気で死んでしまいたい」。そこには、もだえるような苦しみがつづられている。電通は以前にも入社2年目の男性社員を過労自殺で失った。

日本では、毎年のように過労死がニュースになっています。このケースでは、日本人なら知らない人はいない有名大企業で、死亡したのはエリートとされる東大卒の新入女性社員でした。話題性が高いためか、しばらくはマスコミではトップニュース扱いです。その後、彼女の母親は、電通を相手取って裁判を起こし、これまた何回もニュースに。**国会でも頻繁に取り上げられた結果、日本人には「働き方改革」が必要だとして、有給休暇や時間外労働の上限のチェックが厳しくなり、関連する法改正も行われました。**

現在では、全国47都道府県に「働き方改革推進支援センター」が設置され、長時間労働の是正、就業規則や賃金規定の見直しなど、働き方改革に関連する相談を行っています。

以上のケースは、いずれも現代における「英霊に相すまぬ」と言えるのではないでしょうか。

第七章　日本教のサイエンス

日本型組織の構造

前章では、日本教の4つの「教義」について説明しました。では、なぜ日本には「日本教」が定着したのでしょうか。進化心理学的に考えると、仮に日本教が現実に適合していないなら、すぐ消えてなくなってしまうはずです。しかし、弥生時代を起点とするなら3千年ほど、縄文時代なら1万年以上も伝統があるのだから、なんらかの現実的なメリットがあったはず。

この点を、もう少し理論的に分析したのが、池田信夫氏の『「空気」の構造』です。

＊　　＊

これは気候や水に恵まれて豊かで対外的な戦争がなく、同質的な人々が一つの村で一生すごす安定したコミュニティが数千年にわたって維持されたためだと思われる。中国のような乾燥地帯では遠くから大規模な運河を引くために東洋的専制が必要になるが、日本は傾斜が急なので水路は小規模になり、村ごとに管理される。

米作を行なうためには水を貯めて田に引く複雑な水路をつくり、緊密な共同作業で水を管理しなければならない。このコモンズとしての水を守るのが、村民の共有する「空気」としての掟だった。そして各村の水利構造も上流や下流と強い補完関係があるので、一つの村だけで完結しない。

このため川の支線ごとに複数の村をまとめる用水組合ができ、それが合流する川にはそれをまとめる用水組合ができる、というツリー状の水利秩序ができた。これを玉城・旗手は図2［次頁］のような系統図にまとめている。

＊　＊

細かいことを言うと、日本の場合はダンバー数以内の人数（約150人）で村（共同体）を構成し、それが人間関係を通じて積み上がっている、というモデルを作ると現実をうまく説明できます。ダンバー数というのは、人間が平等に（階層的ではない）安定的な関係、言い換えれば共同体として個人を認識できる最大の人数です。この概念は、イギリスの進化心理学者ロビン・ダンバーによって提唱されました。それ以上大きいグループだと、メンバー全員の顔と名前が一致しないため、1つの組織としてまとめるためには、上下関係をはっきりさせる階層化が必要となり、共同体という形では集団が維持できません。

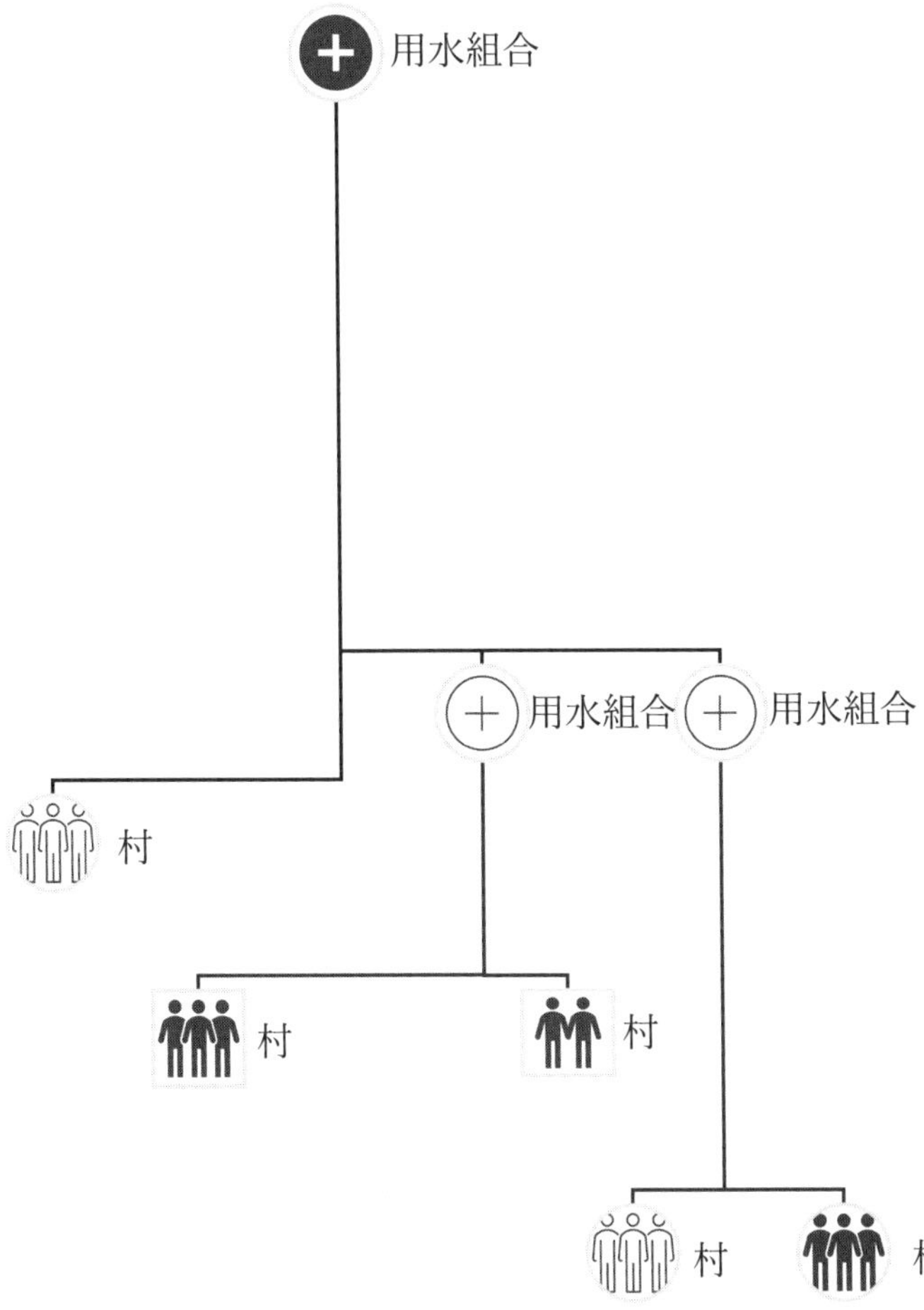
用水組合
用水組合
用水組合
村
村
村
村
村

もちろん、グループの最上位に位置するのが天皇です。詳しくは、前述の池田氏の『「空気」の構造』に書いてあるとおりです。

グループの人数が小さい分、「空気」の拘束力は強くなります。これを「宗教」と呼ぶとするなら、日本人は欧米人などよりはるかに宗教的です。

ただし、このままでは大規模な国民国家を形成するのは無理なので、明治のイノベーションでは、この構造を「上位互換」に大幅に拡張します。それは、1人の人間は複数のグループに属してもいいことにすることです。具体的には、最上位のグループが大日本帝国で、最下位は従来の地域集団か、職場や学校となります。なお、そのとき意識しているグループの行動規範はいままでどおりで、基本的に変わりません。

これが典型的に現れていると感じるのは、かつては存在した新入社員用の「電話受け答えマニュアル」です。このマニュアルでは、社内の人は「ウチ」という共同体のメンバー、社外の人なら「ソト」という共同体外のメンバーとして明確に区分して扱います。たとえば、社外から上司の課長あてに電話がかかってきた場合、上司でも呼び捨てで「課長の○○」といった受け答えが望まれます。○○課長といってはいけないのは、「課長」には敬称の意味が含まれるからです。外部の人から見たら、自分の属する共同体のメンバーは目上ではないので、敬称を付けてはいけません。

反対に、社内からの電話では、上司の課長を「○○課長」と呼ばないと叱られます。なぜなら、共同体の目上の人には敬称を付けないと失礼だからです。ただし、最近では様子が変わってきて、ジョブ化のために、社内の呼び方も○○さんで統一している会社も増えてきているようですが。

こう考えると、官庁でよく言われる、「局あって省なし、部あって局なし、部あって課なし……」という一種のフラクタル構造（マトリョーシカ＝入れ子構造）も矛盾なく説明できます。また、「派閥は継承できない」のも、派閥＝共同体は、話し合い絶対主義に基づく人間関係と和で保っているので、人が変わるとグループも変わらざるを得ないからです。

その意味では、「日本人は無宗教」というのは、我々がそう信じているだけで、縄文や弥生以来の宗教的な慣習である「空気」や「祖先の霊」が無意識的に、そして現在に至るまで強力に残っていることになり、その意味では一神教以上に非常に宗教的な民族なのだと思います。

繰り返しになりますが、個人的に面白いと思っているのは、これは明治的啓蒙主義で「ない」ことになっているらしく、誰も「まとも」な分析や研究の対象にしていないということです。さすがの山本七平氏も真面目に研究しなかったのは、考えてみると本当に不思議です。

アニミズムの世界

最近の研究によると、現代日本人の祖先である縄文人は、非常にアニミズム的でスピリチュアルな人間であることが分かってきているらしく、土偶などの呪術的な道具が多く発掘されています。また、原始社会は、基本的に共同体ですから全員が平等で、「話し合い絶対」「出る杭は打たれる」のです。言うまでもなく、アニミズムの世界では「霊」の存在はよくある話です。

そこで、チャットGPTにアニミズムを質問してみました。

＊　＊

アニミズムは、自然界や宇宙におけるすべての物体や現象に霊的な存在や意識が宿るという信仰体系です。この宗教的または精神的な概念は、世界中の多くの先住民族や古代文化に見られます。アニミズムの主な特徴を挙げてみましょう。

1　**万物に宿る霊**　アニミズムは、動物、植物、自然の地形、天候の現象、さらには人工物にまで、霊が宿ると考えます。

2　自然との繋がり　アニミズムは、人間と自然界との間の深い関係を強調します。自然はただ存在するのではなく、人間と交流し、影響を与え合うものと見なされます。

3　儀式と祭り　多くのアニミズムの伝統には、自然界や霊的存在との調和を保つための儀式や祭りがあります。これらはしばしば、感謝、祈り、祈願などを目的としています。
4　**霊的な指導者**　シャーマンや呪術師などの霊的な指導者が、人間と霊的な世界の間の仲介者として機能することが一般的です。彼らは、治療、予言、霊的な導きなどを提供します。
5　物語と伝説　アニミズムの文化には、自然界や霊的存在に関する豊富な物語や伝説が存在し、これらは世代を超えて伝えられます。
6　生と死の観念　アニミズムでは、死は終わりではなく、霊的な旅の次の段階と見なされます。霊は物質界と非物質界の間を移動すると考えられます。
7　互恵的な関係　自然界との関係は互恵的であるとされ、人間は自然界に敬意を払い、その恵みに感謝する必要があるとされます。

アニミズムは、古代から現代に至るまで、様々な文化や社会に影響を与え続けています。この信仰体系は、人間と自然界との関係を理解する上で重要な視点を提供します。

＊　　　＊

このように、前章で説明した「日本教」は、縄文時代のアニミズム的世界が、そのまま「上位互換へ拡張」や大幅な「バージョンアップ」により現在まで続いているとすると、極めて合理的に説明できることが分かります。

池田信夫氏が『「空気」の構造』で示した数字を再掲しておきます。確かに、国際比較アンケートでも、「祖先には霊的な力がある」「リスクはすべて避ける」という傾向が明確に出ています。

○祖先には霊的な力がある……34か国中1位
○宗教を信じていない……93か国中5位

以上の説明を踏まえ、天皇が最上位のシャーマンとなり、日本人全体が拡張されたアニミズム的、共同体的な精神世界で生きているとするなら、日本教の〝教義〟の多くは、意外に〝理論的〟かつ〝合理的〟に説明できるのかもしれません。

五箇条の御誓文と帝国憲法と教育勅語

次からは、そういう「拡張アニミズム」「疑似血縁集団」的な視点で明治の社会を観察してみることにします。なぜ天皇が必要なのか、なぜ祖先の霊や言霊を尊ぶのか、そしてまた神社が多いのか、それだけではなく、日本の制度がそういう縄文・弥生的な要素を多く残している理由を理解できると思います。

何回も繰り返しますが、国際比較アンケートでは、日本人の「祖先には霊的な力がある」という傾向が明確に現れています（池田信夫氏の『「空気」の構造』）。

○祖先には霊的な力がある……34か国中1位
○宗教を信じていない……93か国中5位

以下は、五箇条の御誓文、大日本帝国憲法、教育勅語の該当部分を太字で示します。

○五箇條の御誓文の意訳（明治神宮にある口語文）

一、広く人材を集めて会議を開き議論を行い、大切なことはすべて公正な意見によって決めましょう。

（中略）

これより、わが国は未だかつてない大変革を行おうとするにあたり、**私はみずから天地の**

神々や祖先に誓い、重大な決意のもとに国政に関するこの基本方針を定め、国民の生活を安定させる大道を確立しようとしているところです。皆さんもこの趣旨に基づいて心を合わせて努力して下さい。

○大日本帝国憲法

大日本帝国憲法発布勅語（高田直樹ドットコムによる口語文を一部修正）

私は、国家の繁栄と臣民の幸福とを、我が喜びと光栄の思いとし、私が祖先から受け継いだ大権によって、現在と将来の臣民に対して、この永遠に滅びることのない大法典を宣布する。

思うに、**我が祖先の神々と歴代天皇は、臣民の祖先たちの助けを借りて我が帝国を造り上げ、これを永遠に伝え給うた。**

これは、我が神聖なる祖先の威徳、そして臣民が忠実に勇敢に国家を愛し、公に従ったこと、それらによって光り輝ける国家の歴史を遺して来たということである。

私は、我が臣民は、まさに歴代天皇をよく助けてきた善良な臣民たちの子孫であることにかんがみて、私の考えをよく理解し、私の事業を助けるためによく働き、臣民同士は心を通わせ協力し合い、ますます我が帝国の素晴らしいところを海外に広め、祖先たちに遺業を永久に強固なものにして行きたいという希望を私と共有し、私とともにこれからの国家の運営に努力し

て行く覚悟が充分に備わっていることを疑わないのである。

上諭（前文に当たる部分）

私は、祖先の輝かしい偉業を受け継いで、永遠に一系で続いていく天皇の位を継ぎ、私の愛する日本臣民は、私の祖先が大事にしてきた臣民たちの子孫であることを忘れず、臣民たちの安全と幸福を増進して、その臣民たちの優れた美徳と能力をますます発展させることを望む。

そのために、明治14年10月12日に下した国会開設の勅諭を実行し、そしてここに憲法を制定して、私と将来の天皇、そして臣民と臣民の子孫が永遠にこれに従うべきである事を知らせる。**国家を統治する権利は、私が祖先から受け継いで子孫に伝えるものである。**私と私の子孫は、この憲法の決まりに従って統治権を行使するという事に違反してはならない。

（以下略）

○憲法義解（相澤理『「憲法とは何か」を伊藤博文に学ぶ――「憲法義解」現代語訳＆解説――』による）

『続日本紀』には、文武天皇は即位の詔において、「天皇の御子がお生まれになると次々に大八島国をお治めになってきたのに引き続いて」とおっしゃり、また**「天下をあるべき姿になさ**

り、平定なさり、公民《おうみたから》に対して恵みなさり慰めなさる」とおっしゃったとある。

○教育勅語（明治神宮にある口語文）

国民の皆さん、私たちの祖先は、国を建て初めた時から、道義道徳を大切にする、という大きな理想を掲げてきました。そして**全国民が、国家と家庭のために心を合わせて力を尽くし、今日に至るまで美事な成果をあげてくることができたのは、わが日本のすぐれた国柄のおかげであり、**またわが国の教育の基づくところも、ここにあるのだと思います。

なお、天皇は穢れとは無縁の「純粋」である必要があるため、実務にかかわらせてはいけません。現在、歴史を遡って日本の国柄や天皇の役割を調べているところですが、比喩的な表現をさせてもらうなら、日本は現在の「邪馬台国」です。

なぜなら、天皇＝卑弥呼は（国民国家である）日本の象徴であるため、「純粋」で「清く正しい」必要があり、それゆえ「疑似血縁集団」の精神的支柱になることが可能だからです。最大の役割は、おそらく日本人の代表として神々や祖先の霊に対して祈ることでしょう。また、明治維新で新政府軍が使った「錦の御旗」が正統性の象徴であるように、「お墨付き」の役割もあります。言い換えれば、「汚れ仕事」である実務は、別の人間が行う必要があります。そういう視点に立って読むと、前述したとおり、このことが大日本帝国憲法に明記されているのです。

以上のように、五箇条の御誓文も、帝国憲法の発布勅語も、教育勅語も基本的には同じです。帝国憲法と教育勅語はタイミングも同じで、これはお互いに補完関係にあることを意味します。それは、日本が疑似血縁的共同体であることを示しているのです。相澤理氏の『憲法とは何か』には、「憲法にことさらに大権を掲げて条文に明記するというのは、憲法によって何か新しく設けてその意味を表そうというのではなく、日本固有の国体は憲法によってますます強固になるということを示すものである」とあり、アメリカの独立宣言と比べると、その違いは明らかです。

なお、この共同体意識は、有名な仁徳天皇のエピソードでも確認することができます。

＊　　＊

即位4年、天皇が高い山から国を見渡すと、どの家にも煙が昇っていなかった。これにより民衆が炊事もできないほど貧しいことを知った。そこで以後3年間、課税と労役を全てとりやめることにした。そして自らは、宮の屋根が壊れ雨漏りしても直すこともしなかった。

即位7年、3年が経過して再び山の上から国を眺めると、どの家からも煙が立ち上っていた。諸国は課税再開を要請したが、結局即位10年まで課税停止は延長された。

（ウィキペディアによる）

アメリカの独立宣言との比較

日本と対照的なケースとしては、「絶対神」との契約に基づくアメリカが挙げられます。次はアメリカの独立宣言からの抜粋です。★1

＊　　＊

われわれは、以下の事実を自明のことと信じる。すなわち、**すべての人間は生まれながらにして平等であり、その創造主によって、生命、自由、および幸福の追求を含む不可侵の権利を与えられている**ということ。こうした権利を確保するために、人々の間に政府が樹立され、政府は統治される者の合意に基づいて正当な権力を得る。

＊　　＊

疑似血縁集団や運命共同体とは全く違うことに驚くと思います。少なくとも私はそうでした。

日本教と疑似血縁集団

昭和天皇は、この「話し合い絶対主義」「疑似血縁集団」に基づき、日本建国以来最大の危機である終戦後の大混乱の中で、「天皇の戦争責任」を含め、当時は誰にも不可能だと思われた、国民の不満を一掃することに見事に成功します。以下も、これまた『日本教について』からです。

○天皇の行動は常に純粋であり、一点の私心もなく、常に国民のことのみを考えていることも絶えず強調されます。

＊　　＊

○天皇はただ一心に国民のためをのみ思い、国民はただ一心に天皇のためのみを思う、という一つの相互関係、すなわち「お前のお前」という関係は、戦争中の「国民はただただ天皇のため」「天皇はただただ国民のため」という関係によく現われております。

○天皇は自分の「責任」を認め、ついで全日本を巡幸して各地で「対話集会」を開き、国民はこれに対して「一億総ざんげ」で応答し、「天皇は国民のため、国民は天皇のため」という「お前のお前」すなわち二人称の世界は、再びここで確立しました。

○当時の日本は恩田木工《もく》（注）が登場したとき以上にあらゆる面で破産状態でしたから、これこそ実にみごとな「対話方式」による再建でした。

○もちろん、あらゆる意味の「債務」はこれで帳消しですが、「だれひとりお上をうらむ者なく」と木工が言ったのと全く同じ状態が現出したわけです。そして「恩田」木工が『日暮硯《ひぐらしすずり》』で称揚されているように（注）、日本人は今でも、当時のことを非常になつかしげに回想します。

【注】恩田木工と『日暮硯』について
信州松代藩家老恩田木工の宝暦期藩政改革（1757〜62）に関する説話風の著書。倹約奨励、綱紀粛正、半知借上廃止、月割貢納制実施、先納年貢分切捨て、未進年貢分免除など［以前の債務・債権はすべて切り捨て］により藩財政再建に大成功したという内容。
（改訂新版　世界大百科事典）

日本教と穢れ忌避

では、これに対して「反天皇」のグループはどう対抗したのか。終戦後の日本には、共産党を中心とする広範な反天皇グループが存在していました。彼らの行動について、『日本教について』はこう記しています。

＊　＊

○彼らは「天皇は純粋でない」「天皇の行為は純粋でない」ということを証明することにのみ熱中しました。
○そして「朕ハタラフク食ツテイル、汝臣民飢エテ死ネ」といったプラカードを掲げて宮城に乱入し、厨房の冷蔵庫を調べてその内容を公表するという笑劇（私の創作ではありません）まで演じ、また、そのグループのある雑誌は、天皇に隠し子がいるという捏造記事を執拗に流したりしました。

＊　＊

これも、前章に書いた「穢れ忌避」を明確に示しています。天皇の戦争責任を膨大な資料や緻密なデータで実証するよりは、「天皇は純粋でない」「天皇の行為は純粋でない」ことを実証した方が、政治的にはずっと効果的だと判断したことになるからです。このことは同時に、政治家を失脚させるためには、真面目だが難しい政策論争などより、スキャンダルの暴露に熱中した方が——戦前も戦後も相変わらず——はるかに効果的であることも示しています。

イザヤ・ベンダサン氏は、この純粋であることが、「全日本人を律している基本的な考え方」だと結んでいますが、このことも、「穢れ忌避」が日本教の中核的な教義であることを示しているということになります。

自転する組織

これらに関連して、池田信夫氏は、「日本軍の欠陥として多くの人が指摘するのは、目的意識の欠如」だとします。そして、旧日本軍は、ほぼ前述のダンバー数（約１５０人）以内の共同体である中隊（約200人）がキーだと指摘し、この小集団が「自転」する構造は、現代の官庁や企業にも受け継がれているとして、著書の『「空気」の構造』にこう記しています。

＊　＊

このような陸軍の奇妙な状況について、ある将校は［山本七平氏に］こう教えてくれたという。

「軍、師団、連隊といってもこれは分岐していく神経系のようなもので、実際に動く単位は第一線の中隊でしょ。いわば手足ですね。［中略］そして将校は、それをどのように自由自在に動かすかを考えるということですね。そのために戦術を学び、教育訓練を施す。しかし、その組織自体が、当面の敵と当面の戦場にマッチしたものかどうかは、だれも考えなかったんです」

（中略）

各部隊の利害を調整して戦争が行なわれる「ボトムアップ」の構造は、おもしろいことに伝統的な武士の組織とよく似ている。映画などでは戦陣に殿様が座ってその周りを家臣が囲んでいるが、実際の戦争では家臣はそれぞれ備《そなえ》という数十人の小隊を率いて分散的に配置され、指揮官（旗頭）の命令によって臨機応変に動き、中央の指揮は仰がなかった。こうした備の機動性の高い大名が、戦国時代を勝ち抜いたのだ。

（中略）

このように戦争の目的を考えないで、既存の組織をうまく動かすことだけに全力を傾ける組織を、山本は「自転する組織」と呼んだ。

＊　＊

ここで、本書の冒頭31～32頁で説明した、池田氏の『「空気」の構造』にある国際比較アンケートの結果を思い出してください。全部とまでは言いませんが、相当な部分が合理的・理論的に説明できるのではないでしょうか。また、中国人である私の知人からの質問「日本はトップが変わっても何も変わらないが、中国では大きく変わるのはなぜか」にもきちんと答えることができるのです。

アメリカの追悼式との比較

今度は、戦没者への追悼と就任挨拶について、もう一度アメリカとの比較をしてみましょう。

◯全国戦没者追悼式（天皇陛下のお言葉の全文）　令和5年8月15日

本日、「戦没者を追悼し平和を祈念する日」に当たり、全国戦没者追悼式に臨み、さきの大戦において、かけがえのない命を失った数多くの人々とその遺族を思い、深い悲しみを新たにいたします。

終戦以来78年、人々のたゆみない努力により、今日の我が国の平和と繁栄が築き上げられましたが、多くの苦難に満ちた国民の歩みを思うとき、誠に感慨深いものがあります。

これからも、私たち皆で心を合わせ、将来にわたって平和と人々の幸せを希求し続けていくことを心から願います。

ここに、戦後の長きにわたる平和な歳月に思いを致しつつ、過去を顧み、深い反省の上に立って、再び戦争の惨禍が繰り返されぬことを切に願い、**戦陣に散り戦禍に倒れた人々に対し、全国民と共に、心から追悼の意を表し、**世界の平和と我が国の一層の発展を祈ります。

○戦没将兵追悼記念日におけるオバマ大統領の挨拶（仮訳から抜粋）２０１６年5月30日

私たちは彼ら［戦没将兵］をとても誇りに思っています。私たちは彼らにとても感謝しています。亡くなった遺族の方々にも本当に感謝しています。**神が殉職した英雄とその家族、そして従軍するすべての人々を祝福してくださいますように。そして神がこのアメリカ合衆国を永遠に祝福してくださいますように。**（拍手）

○即位正殿の儀（天皇陛下のお言葉の全文）令和元年10月22日

国民の幸せと世界の平和を常に願い、国民に寄り添いながら、憲法にのっとり、日本国及び日本国民統合の象徴としてのつとめを果たすことを誓います。国民の叡智とたゆみない努力によって、我が国が一層の発展を遂げ、国際社会の友好と平和、人類の福祉と繁栄に寄与することを切に希望いたします。

○首相談話（安倍首相の談話の全文）

謹んで申し上げます。

天皇陛下におかれましては、本日ここにめでたく『即位礼正殿の儀』を挙行され、即位を内外に宣明されました。一同こぞって心からお慶《よろこ》び申し上げます。

ただいま、天皇陛下から、**上皇陛下の歩みに深く思いを致され、国民の幸せと世界の平和を常に願い、国民に寄り添いながら、日本国憲法にのっとり、象徴としての責務を果たされると**のお考えと、我が国が一層発展し、国際社会の友好と平和、人類の福祉と繁栄に寄与することを願われるお気持ちを伺い、深く感銘を受けるとともに、敬愛の念を今一度新たにいたしました。

私たち国民一同は、天皇陛下を日本国及び日本国民統合の象徴と仰ぎ、心を新たに、平和で、希望に満ちあふれ、誇りある日本の輝かしい未来、人々が美しく心を寄せ合う中で、文化が生まれ育つ時代を創り上げていくため、最善の努力を尽くしてまいります。
ここに、令和の代《よ》の平安と天皇陛下の弥栄《いやさか》をお祈り申し上げ、お祝いの言葉といたします。

○オバマ大統領の就任演説（仮訳から抜粋）　２００９年1月20日
私たちの子供たちの子供たちに、私たちが試されたとき、私たちはこの旅を終わらせることを拒否し、引き返さなかったし、ひるむこともなかったと言ってもらいましょう。そして地平線と神の恵みを見つめながら、私たちは自由という偉大な贈り物を実行し、それを安全に将来の世代に届けました。

ありがとう。神のお恵みがありますように。
そして神のご加護がアメリカ合衆国にありますように。

＊　　　＊

日本型組織 存続の条件
最後の例として、実際に日本でアメリカ式を「そのまま」導入したら、どんな結果になったかを記しておきます。山本七平氏の『日本型組織 存続の条件』にはこうあります。
戦前の日本には『改造』というとてつもなく権威のある雑誌があった。『改造』の巻頭論文は日本を動かすとも言われ、発行部数はトップ。京橋に大きな自社ビルがあり、戦前にアインシュタインを日本に招聘《しょうへい》したのは改造社の社長であった。

改造社はアメリカと関係の深い出版社で、2代目社長は戦後いち早くアメリカに留学して経営学を学んだ。**帰国してから会社のシステムをすべてアメリカ式に直したところ、たった2年で潰れてしまった。**当時の社員は**「伝統的に社が持っていた秩序という意識と、アメリカ式の組織という意識が合わなかった」**と振り返っている。

＊　　＊

では、このアメリカ式のシステムとは、具体的にどのようなものなのでしょうか。簡単に言うと、それは最近よく言われる「ジョブ型」雇用のことです。つまり、就業規則や職務記述書があり、その契約に基づいて、マニュアルどおり仕事をし、給料はそれに応じて支払われるのです。よって、基本的に職務が変わらなければ給料は変わりません。つまり「年功序列」ではないということです。

これに対する日本式は、「メンバーシップ型」雇用と言われ、いわゆる「年功序列」で会社を共同体の一員として支えるということなので、就業規則や職務記述書は単なる形式です。話し合い絶対主義、和、人間関係重視だから、マニュアルなんかないし、もしあったとしても、そのとおりにすると組織が動かず、従業員は何をやっていいのか分からなくなってしまいます。

ということですから、アメリカ式経営は、やはり日本では「そのまま」ではうまくいかない。理由は、常識的に考えてもわかります。アニミズムがベースになった、原則を決めない「話し合い絶対主義」と、原則に忠実な契約社会では相性が悪い。日本社会はすべて一揆で成り立っていますから、それを否定されると、一体何をすればいいのか分からない。日本における契約は、唯一神との絶対的な契約ではなく、その人や集団が属するグループへの信頼で成り立っています。聖徳太子の十七条憲法にも、第1条に「和を以て貴しとなす」とあるぐらいです。

一例として、前述のように稟議書を廃止すると、これは「話し合い絶対主義」に反しますから、猛烈な非難を受けます。結局、そういう〝独断的〟な人には誰も協力しなくなって、仕事が回らない。これが積み重なると、会社全体の能率は急低下し、民間企業ならあっという間に倒産しても不思議ではありません。

しつこいようですが、山本七平氏の『日本型組織 存続の条件』には、こうもあります。もはや、これ以上の解説は不要でしょう。

＊　＊

一揆の規約については、原則があって、**「抜け駆けをしないこと」、これが第一条。次に何事も全部一揆のメンバーに相談すること。「何事も一揆に諮り多勢によるべし」**。それから一揆内の揉めごとは絶対に外に出さないこと。どのような揉めごとがあっても、みんなが集まって来てみんなで相談してみんなの意見を聞けと。

なぜ日本国憲法は改正してはいけないのか

日本国憲法は、なぜ改正してはいけないのか。これは、理詰めで考えると全く分かりません。以前は、左翼と右翼で意見の相違があり、その典型的な例として、「自衛隊は違憲だから持つべきではない」という意見と、「自衛隊は必要だから憲法を改正すべき」という意見の対立がありました。余談ですが、冗談のような本当の話として、終戦直後は現在とはまったく逆で、野党（共産党）は自分が政権を取ったら軍は必要だと考えていたので改憲賛成、与党（吉田茂首相）は自衛軍を持つと朝鮮戦争に巻き込まれると危惧して改憲反対だったのです。

最近では、多くの国民は、台湾有事で軍隊が必要だと実感しているため、この論争は沈静化しました。しかし、日本国憲法第9条を素直に読めば、自衛隊は明らかに軍隊ですから、当然ながら違憲でしょう。では、なぜ改正しないのかというと、それは「前提なしの無条件の話合いに基づく合意が絶対」「何事も一揆に諮り多勢によるべし」ということだからです。つまり、皆で話し合って自衛隊は必要だとなったのだから（自衛隊法が成立）、憲法は無視してもいいということで、確かにこれは日本の伝統的な行き方であることが分かります。大騒ぎした集団的自衛権についても、国会審議でなし崩し的に承認されたのは記憶に新しいところです。

憲法改正には別の意味もあると思います。それは、日本開闢《かいびゃく》以来の死亡者を出した、大東亜戦争の戦没者に対する鎮魂歌としての意味があるということです。軍が問題だったのだから、それを国の最高法規で定めるのには、潜在意識では非常な抵抗がある。だから、「祖法」としてそのままということでしょう。それがいいかどうかは別として、このように理詰めや法技術的にいくら考えても理解不能なことは、日本教の教義に沿って解釈すれば、意外と単純明快に説明することが可能となるのではないでしょうか。

進化心理学で考える日本教

ではなぜ、このような構造を持つ、日本的な組織や日本教ができあがってしまったのか。

次は、池田信夫氏のブログ「宗教を生みだす本能」（2012年1月29日）をチャットGPTで要約し、一部を修正したものです。相当に難解ですが、**太字**の部分だけ読めば、いままでの不可解な謎について、心底から納得できる、実に見事な回答が用意されていることが理解していただけるかと思います。参考までに、ポイントは次のとおりです。なるほど、と得心していただければ嬉しいです。

○日本は平和だったため、次のような（メンバーが固定化する）未開社会のルールが色濃く

残っている
○実用的な意味のない「通過儀礼」に耐えた者だけが、部族のメンバーとして認められる
○**部族の掟に逆らう者は、容赦なく追放される**
○また、**強いリーダーが現れると、彼らは速やかに部族から追い出される**★2★3
○その理由は、自分の利益を追求する個人が部族の「和」を乱すのを防ぐため

『「空気」の研究』には、生徒全員を「オール３」に評価した音楽教師の話題もあります。山本氏は、この教師について、非常にまじめな典型的・保守的日本人ではないかと推測していますが、確かにそのとおりでしょう。織田信長が本能寺の変で倒れたのも、そんな「和」を乱すような強いリーダーは、遅かれ早かれ排除されるからです。日本型組織では、ワンマンが極端に嫌われるのも、これで理解できるかと思います。

＊　＊

宗教とは、その実用性が不明瞭にもかかわらず、人類の歴史を通じて私たちを強く引きつけ続ける不可解なものだ。社会学の巨人、デュルケームは、宗教が社会統合のシステムとして機能すると考えたが、これだけでは実際の複雑な儀礼や神話を説明するのは難しい。最近の考古学や生物学の発見により、戦争とその影響が我々の遺伝子や行動に大きく影響していることが

明らかになった。昔の人々は、狩猟採集の生活を営む小集団で、戦争が日常の一部となっていた。

ウィルソンの多レベル淘汰説は、内部の利己的な個体よりも、部族全体の団結が戦争で勝利する鍵であると提唱している。個体レベルで考えると、利己的な個体が利他的な個体に勝つが、部族レベルでの競争になると、利他的な個体の部族は団結力が強いので、利己的な個体ばかりの部族に勝つ。したがって、進化心理学的に考えると、利己主義だけではなく、それを抑制する利他主義が遺伝的に備わっているはずだ。

未開社会であるオーストラリアのアボリジニは、数万年前から孤立しているため、氷河期の行動が残っていると推定される。**彼らの通過儀礼はぶっ通しで4か月間も休みなく続く。これは子供を一人前の「戦士」として迎え入れる儀式で、割礼などの痛みに耐えた者だけがメンバーとして認められる。**他の未開社会でも、今もその遺伝的特性や文化が継続しており、長期にわたる儀式や通過儀礼で、その集団の一員としてのアイデンティティや役割を獲得する。

言語や音楽は戦争や儀式の中で生まれたツールとも言える。特に言語は、戦闘に際して敵味方を認識する暗号として機能するため、その習得は非常に重要だった。**部族の掟に逆らう者は容赦なく追放され、ほとんどの場合に死を意味した。**

このように、**非実用的な音楽や通過儀礼がすべての部族にあり、むしろ未開社会ほど重要視**

されるのは、集団のために個人を犠牲にするツールとして発展してきたからかもしれない。進化ゲーム理論によれば、これらの「無駄」と思われる行動や文化は、共同体内での個人の地位や役割を確定させ、退出を強力に抑止するための「サンクコスト」として機能している。

氷河期の影響を受けた未開社会では、みんな平等で、リーダーや階級の概念は存在せず、全員が共に儀式を楽しむ。しかし、**時折、強いリーダーが現れると、彼らは部族から追い出され、極端な場合は殺害されることもある。これは、自分の利益を追求する個人が部族の和を乱すのを防ぐため。**だが、人々が定住し、農耕を始めると、戦争を避けるシステムや一神教、階級制度が誕生した。

今の先進国で平等主義の部族文化を見るのは難しいが、日本はその特例として挙げられる。実は、日本が大陸とのつながりを失ったのは約2万年前。氷河期の影響で利他的な心が遺伝子に刻まれたが、日本の豊かな自然と穏やかな気候は農耕に適していた。そのおかげで、資源の奪い合いや外部からの侵略はほとんどなく、平和な時代が続いたのだ。

（池田信夫ブログ「宗教を生みだす本能」２０１２年1月29日）

＊　＊

繰り返しになりますが、池田信夫氏は、『「空気」の構造』でこうも述べています。なぜかという理由は、もはや言うまでもなく明らかでしょう。

「戦術の失敗は戦闘で補うことはできず、戦略の失敗は戦術で補うことはできない」という「失敗の本質」の言葉が、日本軍の失敗を端的に指摘している。日本軍はいつも、その場のなりゆきで次々に戦線を拡大して、取り返しのつかない失敗を繰り返した。

1939年にノモンハンで関東軍と旧ソ連軍が戦って日本軍が惨敗したとき、ソ連軍指揮官のジューコフ将軍は、**日本軍について「下士官兵は優秀、下級将校は普通、上級幹部は愚劣」と評し、これが日本軍についての評価の定番となった。**

＊　　＊

ネットオークション実験で考える

このことを、実際に心理学実験によって実証した研究があります。次は、山岸俊男氏らの『ネット評判社会』などからの要約です（次頁も参照）。なお、これはチャットGPTではなく、私自身によるものです。ポイントは次のとおりとなります。

○日本では、メンバーが集団内で安心できる環境を築きあげている
○これを維持するためには、**部外者を排除する必要があり、必然的にメンバーは固定化する**
○他の条件として、固定したメンバー間で「ネガティブ」な評判を共有することも必要

ネットオークション実験

- 参加者はインターネット上に設定されたネットオークションにおいて、他の参加者との間で、実際に商品の売買を行う
- 日本全国から800人程度の一般人が参加
- 1グループあたり30〜50人程度が参加。29グループ実施
- 参加者は商品の生産（販売）・購入の両方の役割を行なう
- 購入した商品を実験者に転売することで、利益が得られる
- 情報の非対称性が存在
- 実験は、ほぼ2週間にわたり継続
- 実験で稼いだ額を報酬とする
- NTTサービスインテグレーション基礎研究所の研究チーム（代表、吉開範章）と共同で実施

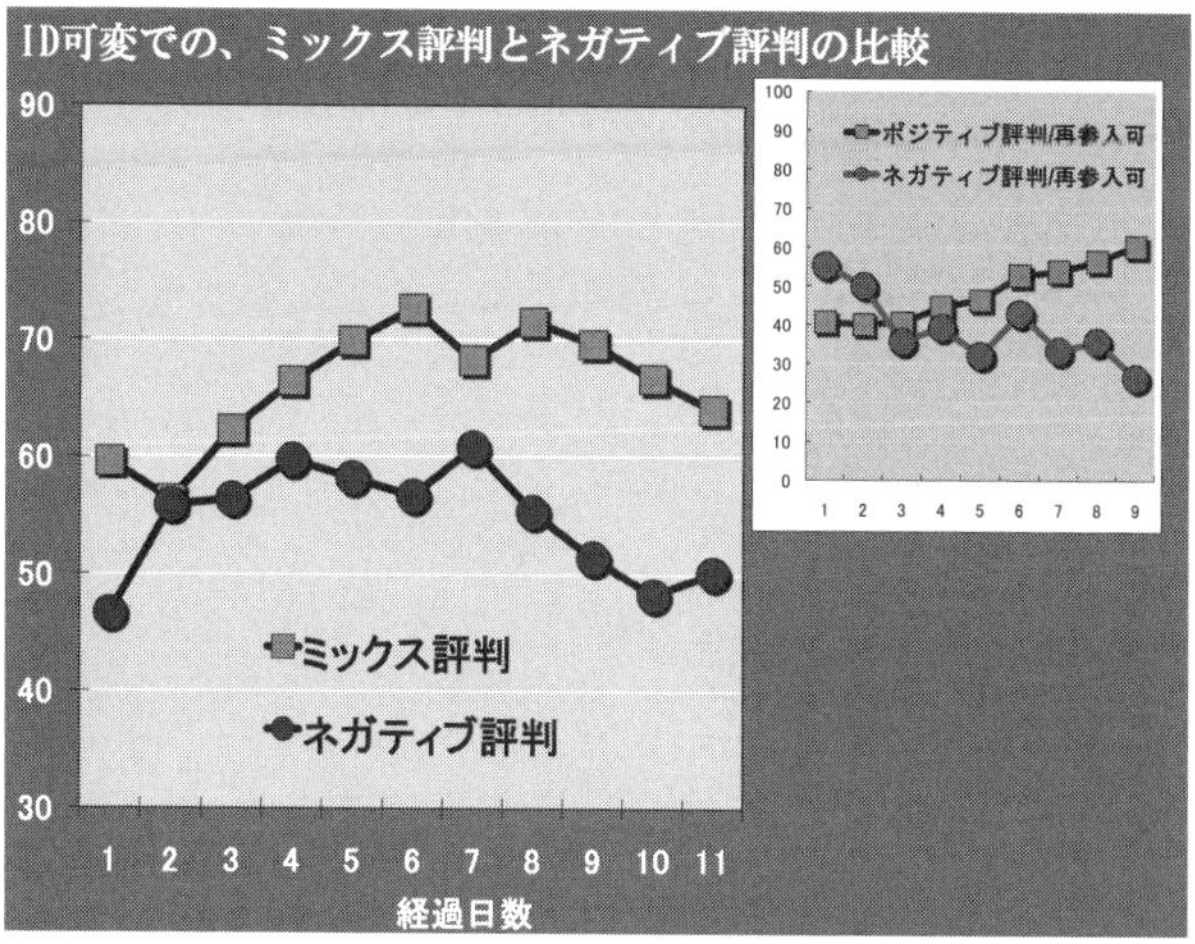

山岸俊男氏らによるネットオークション実験の結果。

現在の日本で一般的な「ネガティブ評判」システムは、ネットオークションで一般的な「ポジティブ評判」システムより稼いだ額が少なく、報酬も少ない。

出所 山岸俊男 国立情報学研究所オープンハウス2010★6

◯ネカティブな評判を受けたメンバーは、速やかに集団から排除される
◯ただし、ネットオークションの実験結果によると、このクローズドなシステムはオープンなシステムより非効率的
◯現在、世界的にオープンなシステムが主流となり、日本経済の効率は相対的に低下した

＊　　＊

一般的に、東アジアの人々、特に日本人は集団主義だと思われており、実際にも多くの場合に集団主義的な行動を示している。その理由として、日本では数千年にわたって密接な共同作業が必要な水田稲作が続いているからとされることが多い。

日本は島国であり、山がちで平野が少ない地形なため、大陸の国家に比較すると、小さな川が数多く存在している。そして、日本では数千年前からその水系別の狭小な平野ごとに、集団化された水田稲作が行われている。よって、日本人が集団主義的である理由は、この密接な共同作業が必要な水田稲作が大きく関係しているという見方が一般的である。従って、進化心理学的な観点から考えると、日本人は遺伝的にも集団主義的であるはずである。

しかし、山岸氏らは、いくつかの実験による実証データによって、日本人は、アメリカ、中国、台湾の人々より他人を信用せず、事前の予想とは反対に、極めて個人主義的であることを発見した。このことは、最近の青少年の日米比較調査でも裏付けられている。★4★5

山岸氏らの報告★6によると、日本人は他の国の人々に比べると、①リスクを避けようとする傾向が高く、②他者一般を信頼する傾向が、世界の中でも極めて低いことを明らかにした。このうち②は、日本は世界的に見ても犯罪率が低い「信頼社会」と認識されていることとは正反対の結果であった。氏らは、その理由を次のように説明した。

日本人の社会は、ひとことで言えば、人々が安定した関係のきずなを強化することで、メンバーが固定化した水田稲作の集団内で、安心していられる環境を築きあげている社会である。またこのメカニズムを維持するために部外者を排除し、長いつきあいのある人たちの間の関係に人々がとどまっている社会である。このシステムは、固定した仲間内で「ネガティブ」な評判を共有することにより維持される。一方、現在の先進国で一般的なのは、そうした安心していられる固定した関係を超えた再参入可能なオープンなシステムであり、他人一般に対する信頼の上に作られた、さまざまなチャンスの追求を可能とする社会である。この現代的なシステムは、個人の「ポジティブ」な評判を共有することにより維持される。また、この信頼を維持するためのセイフティーネットとして、公的に整備された司法制度の存在が必要となる。

山岸氏らは、このクローズドなシステムとオープンなシステムのどちらが経済的に効率的か、実際に800人ほどの参加者を募ってネットオークションの実験を行った。参加者は複数のグループに分かれ、実験室のコンピューター上に設定されたネットオークションにおいて、他の参加者との間で、実際に商品の売買を行ったのである。

その結果であるが、**現在では一般的な、再参入可能なオープンな市場システムの場合、ポジティブな評判を重視するグループの売り上げは、ネガティブな評判を重視するグループの売り上げを上回った。**[★6]現実の歴史でも、ネガティブな評判のシステムを採用していたマグリビ商人は、ポジティブな評判を採用していたジェノヴァ商人との競争に敗れ、地中海貿易の覇権を失ったとされる。これは、現在の日本経済の停滞の理由の一つかもしれない。このように、進化心理学的な観点で考えると、従来の知見に基づく解析結果の解釈は、一見すると矛盾する場合もあるため、慎重かつ多面的な分析が必要になるだろう。

＊　　＊

池田信夫氏は、進化心理学的にこの日本のシステムが有効であり、その結果生き残ったことは、コンピューターシミュレーションで確認済みだと指摘します。

＊　　＊

グラフ［234頁］はBowlesがScienceに投稿した論文[★7]の図だが、利得の高いエージェントを増やす数万世代のシミュレーションを行なうと、偏狭な利他主義（右上）と寛容な利己主義（左下）がESS［進化的安定戦略］になることがわかる。

本書[★8]も指摘するように、右上の均衡は山岸俊男氏の明らかにした「赤の他人は疑うが身内は信用する」という日本人の行動様式をうまく説明しているようにみえる。

（池田信夫ブログ「偏狭な利他主義と寛容な利己主義」2012年2月13日）

＊　＊

誰もが予想できるように、構成メンバーが退出困難なクローズドなシステムは、オープンなシステムより、同調圧力の影響が強くなります。この点は、235頁に示す国立青少年振興機構の2018年の報告書『高校生の心と体の健康に関する意識調査』[★4]で裏付けられています。グラフを見ればわかるように、日本人は、「友だちに合わせる」かどうかより、「友だちが私をどう思っているか」が気になるのです。

なるほど、これで縄文時代が1万年という驚異的な長期間続いたのも、日本の人事制度が減点主義なのも、すべてがすっきりと理論的に説明できます。

進化心理学のシミュレーション

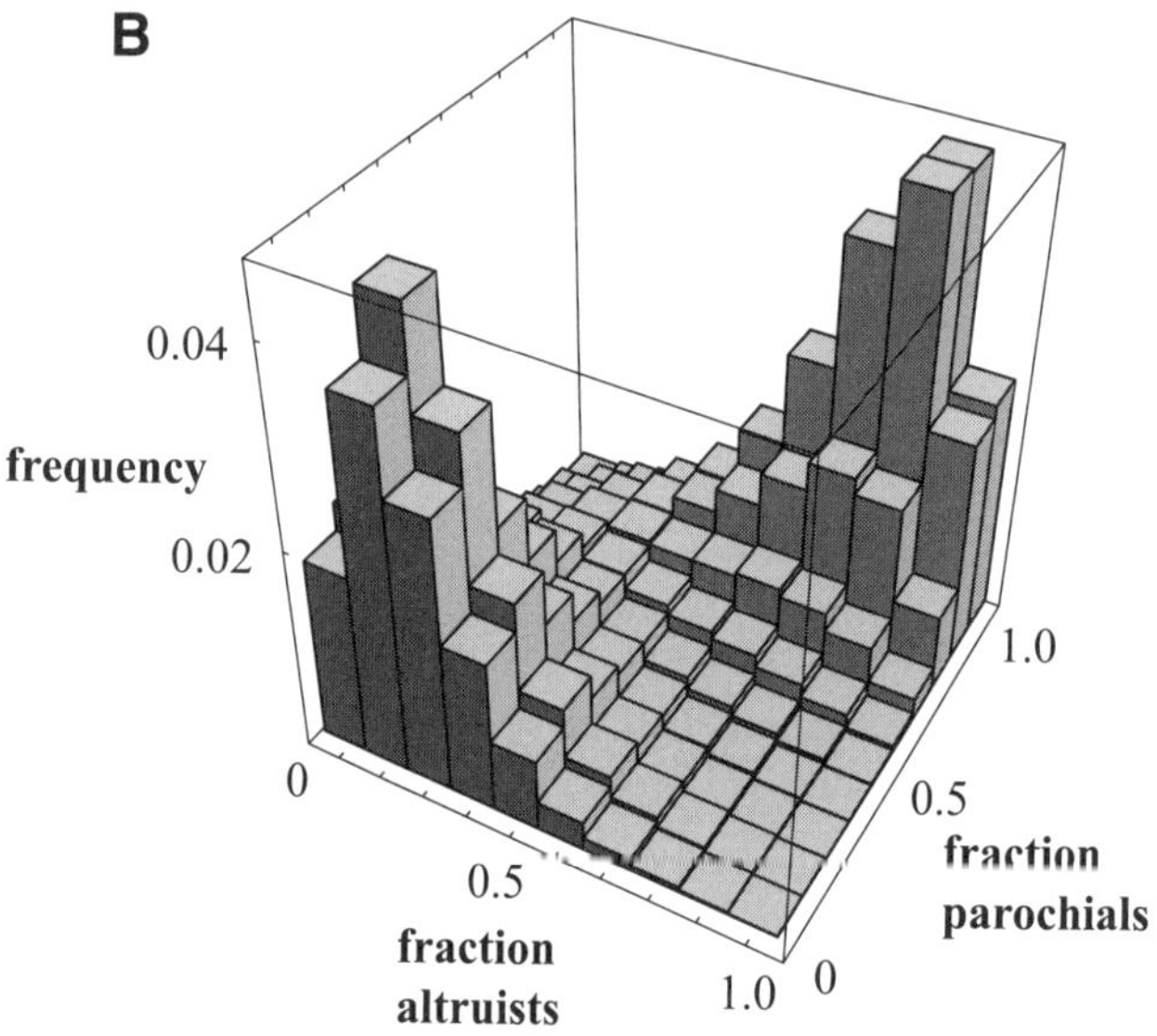

シミュレーション結果によると、偏狭な利他主義（右上＝赤の他人は疑うが身内は信用する）と寛容な利己主義（左下＝赤の他人と身内に関係なく評判の良い人を信用する）が増加する。右上の均衡は、山岸俊男氏の明らかにした「赤の他人は疑うが身内は信用する」という日本人の行動様式をうまく説明していると考えられる。

出所　Bowlesらによる Scienceの論文（図）[★7]
　　　池田信夫ブログから（内容）

他人がどう思うか気になる日本人

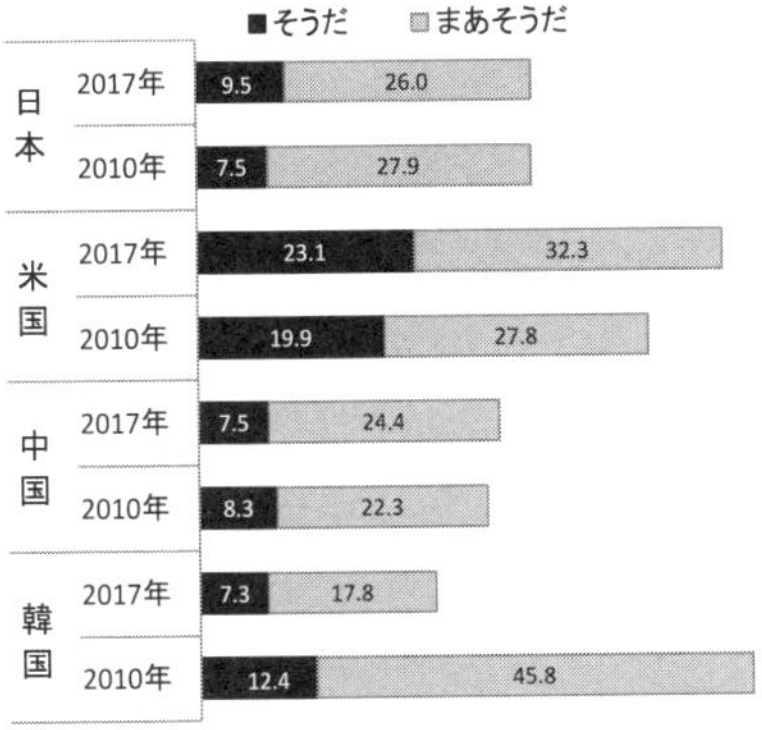

図 4－24　友だちに合わせていないと心配になる

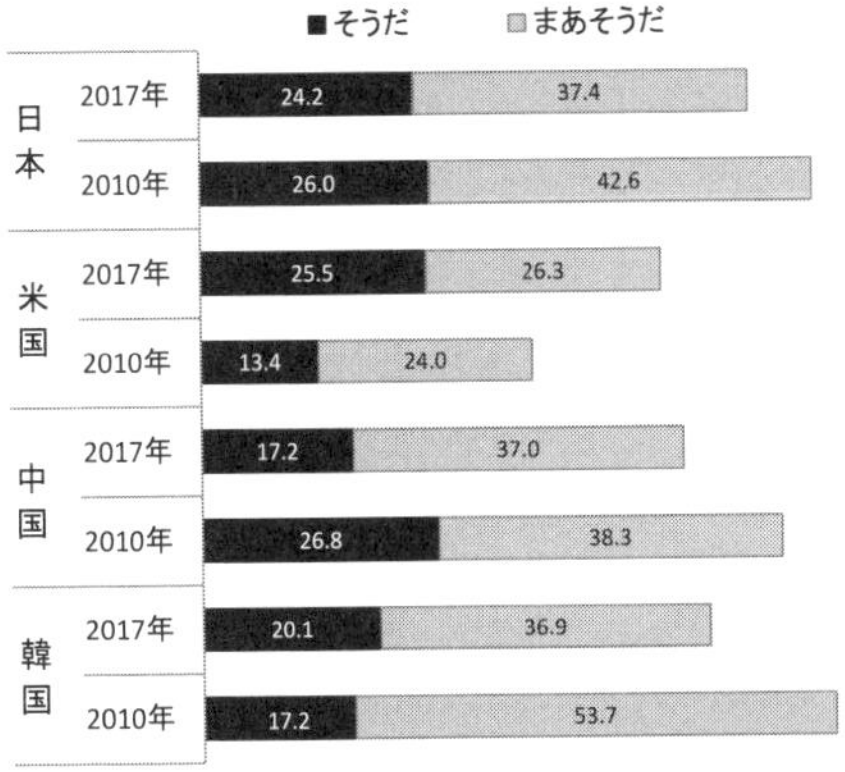

図 4－25　友だちが私をどう思っているか気になる

日本人は、「友だちに合わせる」（上）かどうかより、

「友だちが私をどう思っているか」（下）が気になる。

出所　国立青少年振興機構 2018[★4] 年

最後までお読みいただき、大変ありがとうございました。

★1　American Center Japan https://americancenterjapan.com/aboutusa/translations/2547/

★2　西條辰義「日本人は『いじわる』がお好き?!」『経済セミナー』2005年12月号

★3　西條辰義ほか「公共財供給の新たなモデル構築をめざして：理論と実験」『1998年度 科研費研究成果報告書』

※これら西條辰義氏らの研究は、次のように数多くのメディアに紹介されている。

・日本人は「世界一礼儀正しい」が「世界一イジワル」だった…「自分の利益より他人の不幸を優先する度合い」を測る実験で「日本人ダントツ」の衝撃結果がヤバすぎた

・なぜ日本人はSNSで他者をバッシングし続けるのか…「日本人が世界一イジワルな理由」〝強い不安遺伝子〟と〝正義中毒に弱い〟という特徴がヤバすぎる

★4　国立青少年教育振興機構『高校生の心と体の健康に関する意識調査報告書―日本・米国・中国・韓国の比較―』2018年

★5　荒川和久「日本人は『みんなと一緒が好き』という大誤解　欧米と比べて集団主義的傾向が強いのは本当か」『東洋経済オンライン』2021年4月21日

★6　山岸俊男「ネット社会における評判と信頼」『国立情報学研究所オープンハウス２０１０』２０１０年6月4日
★7　Jung-Kyoo Choi, Samuel Bowles, The coevolution of parochial altruism and war, Science, 2007.
★8　Samuel Bowles et al, A cooperative species: Human reciprocity and its evolution, Princeton University Press , 2011.

【まとめ】
○日本社会には、縄文時代からのアニミズムの特徴が多く残っている
○明治維新は、このアニミズムを「上位互換」に大幅に拡張した
○日本でアメリカのやり方を「そのまま」取り入れても、うまくいかない場合が多い
○強いリーダーが現れると、「和」が大事な日本では排除されることが多い

【コラム】日本人は本当に平和的な民族なのか

実は、まだ整理中のため、本文に書けなかった部分があります。

次のとおり、池田信夫氏の『「空気」の構造』で紹介された国際比較アンケートによると、日本人は「国のために戦わない」という回答が90か国中1位で、少なくとも数字では世界一平和的な民族と言えます。

○**リスクはすべて避ける……51か国中2位**
○職場では人間関係がいちばん大事だ……81か国中1位
○仕事より余暇のほうが大事だ……79か国中1位
○余暇は1人で過ごす……34か国中1位
○**自国に誇りをもっていない……95か国中4位**
○**国のために戦わない……90か国中1位**

しかし、数十年前の大東亜戦争では、ほとんど世界中の国を敵に回して戦ったわけです。自らの命を捨ててまで攻撃してくる神風特攻隊は、多くのアメリカ兵を恐怖のどん底に陥れました。

また、弥生時代中期から飛鳥時代にかけては、大和朝廷の全国制覇や朝鮮出兵があったので、必ずしも平和な時代ではありませんでした。このことは、日本書紀や古事記などの文献でも確認できます。いうまでもありませんが、戦国時代も同様で平和ではありません。

意外に思う方も多いのかもしれませんが、日本の古代史は外国の文献でも確認できます。それはたとえば、朝鮮半島の正史『三国史記』です。なぜか日本ではあまり有名でないのですが、そのうちの『新羅本紀』を読んでみると、しょっちゅう倭（日本）が攻め込んできていることがわかります。

次は、頸城野《くびきの》郷土資料室学術研究部による研究の紹介です。★1

＊　＊

287年　倭人が一礼部を襲い、村を焼き、一千人もの人々を連れて帰った。
289年　倭兵が攻めてくるとの情報で、船を修理し、兵器を修繕した。
393年　倭軍が侵入して金城を五日も包囲した。将軍たちはみな外に出て戦いたいと願った。
405年　倭兵が侵入して、明活城を攻めたが、勝てずに帰ろうとした。
さらに、346年、364年、431年にもそれぞれ「倭軍」「倭兵」の表現がみられる。

この「倭人」と「倭軍」「倭兵」の表れる頻度が、287年以前はほとんどが「倭人」、289年以降のほとんどが「倭軍」「倭兵」と、がらりと変わるのである。「倭軍」「倭兵」が多く新羅に侵入している期間は、連続的に、大規模な正規軍を国外に派遣できるような政権が日本に存在していた、ということである。これが289年以降であることから、日本には3世紀後半から、強力な統一国家が誕生したと、『三国史記』から読み取ることができる。

＊　　＊

この時代は弥生後期から古墳時代です。つまり、縄文人は平和的ですが、弥生時代以降は明らかに戦争が増えていて、倭人（日本人）はしょっちゅう対馬海峡を渡って朝鮮半島に出兵して戦っていたわけです。逆に、朝鮮半島の人間が中国や日本に攻め込んだと言う記録は事実上皆無（日本へは応永の外寇《がいこう》のみ）。言い換えれば、同時代の日本人よりずっと平和的なわけで、元寇の高麗・元連合軍は鎌倉武士に歯が立たず[★2]、その後の秀吉の朝鮮出兵でも、李氏朝鮮は軍事的には圧倒的に劣勢で、あっという間に半島全土を制圧され、宗国（天朝）の明に救援を依頼しています。

　こうなると、「日本人は世界一平和的な民族」という〝通説〞は、今後は訂正しないといけないかもしれません。縄文人が世界一平和的だったのは間違いないでしょうが、弥生人は意外と好戦的で、同時代の朝鮮半島人は、弥生人よりは平和的ということになります。弥生人は縄文人の直系の子孫であることは前著『古代史サイエンス』に書いたので詳説しませんが、どうやら日本人は時代によって、平和的な縄文人と好戦的な弥生人のスイッチを切り替えているのかもしれません。

同じことは、考古学的なデータからも確認できます。縄文人の人骨２５７６体を調べた研究[★3][★4]によると、そのうち殺人による死亡と推測されるのは23体で、割合は０・９％でした（大人に限ると１２６９体中23体なので１・８％）。参考までに、アイヌに伝わるコロポックル伝説によると、北海道の続縄文人（縄文人の子孫である「コロポックル」）は、アイヌが来ると、争いはせずにさっさと逃げたとされています。

しかし、この値は弥生時代には３２９８体中１００体となり、３・０％にまで跳ね上がります[★5]（大人に限ると２３９５体中96体なので４・０％）。たとえば、鳥取県にある弥生代の青谷上《あおやかみ》寺地《じち》遺跡で発見された人骨の頭蓋骨からは、鏃《やじり》の跡があるものが多く見つかり、死因は明らかに殺人と推定され、多くのメディアでニュースになりました。

この数値は、古代中国では３６１体中31体で８・６％ですから、さらに高くなります[★6]。日本は大陸と違って遊牧民がいないため、中国よりは平和だったのでしょう。確かに、**縄文の三内丸山遺跡の風景はのどかな集落なのに対して、吉野ヶ里遺跡のような弥生の環濠集落は臨戦態**

勢で、しょっちゅう戦争をしていたような感じを受けます。

実は、この値には数多くの調査結果があり、★7 日本は世界的に見ると低いグループに属し、中でも縄文時代は圧倒的に低いのです。古代中国の数値も世界的には低く、一部のネイティブアメリカンと同じぐらいとなっています。ネイティブアメリカンは、最近のＤＮＡの調査により、氷河時代以降にベーリング海峡を渡った東アジア人であることが判明しているので、遺伝的な影響も大きいのかもしれません。

★1　頸城野郷土資料室学術研究部「ディスカッションペーパー　視点を変えた『謎の4世紀』朝鮮側の資料から日本の『謎の4世紀』を探る」『研究紀要』２０１７年

★2　播田安弘氏の『日本史サイエンス』などによる

★3　Hisashi Nakao, Kohei Tamura, Yui Arimatsu, Tomomi Nakagawa, Naoko Matsumoto, Takehiko Matsugi, Violence in the prehistoric period of Japan: The spatio-temporal pattern of skeletal evicence for violence in the Jomon period, Biology Letters, 2016.

★4　Tomomi Nakagawa, Hisashi Nakao, Kohei Tamura, Yui Arimatsu, Naoko Matsumoto and Takehiko Matsugi, Viclence and warfare in prehistoric Japan, Letters on Evolutionary Behavioral Science, 2017.

★5 Tomomi Nakagawa, Kohei Tamura, Yuji Yamaguchi, Naoko Matsumoto, Takehiko Matsugi, Hisashi Nakao, Population pressure and prehistoric violence in the Yayoi period of Japan, Journal of Archaeological Science, 2021.

★6 Jenna M Dittmar, Elizabeth Berger, Xiaoya Zhan, Ruilin Mao, Hui Wang, Hui-Yuan Yeh, Skeletal evidence for violent trauma from the bronze age Qijia culture (2,300-1,500 BCE), Gansu Province, China. International Journal of Paleopathology, 2019.

★7 池田信夫ブログ「人類は殺し合いを続けてきた」『暴力の人類史』２０１５年2月1日及びスティーブン・ピンカー（幾島幸子ほか訳）『暴力の人類史』２０１５年

あとがき

本書の内容は、あくまでもたたき台に過ぎません。ただ、これまで疑問だった事柄をほぼ矛盾なく説明でき、細かい点を除けば再現性もあるため、それなりに納得できる内容になっていると自負しています。

「日本教」の現象面だけではなく、その内容と成立理由、強みと弱みについて、自分の知る限りの学際的な資料を集めて「まとも」に分析することは、もちろん初めての試みです。書き終えてみて感じるのは、「英霊に相済まぬ」といったことを、理論的・論理的な文章にすることは強いタブーらしいということです。「空気」は、東條首相よりはるかに強く、昭和天皇でさえ開戦の決定には逆らえなかった。その謎の一端が明らかになったのではないでしょうか。

その意味で、『「空気」の研究』の冒頭にあるように、「日本の道徳は、現に自分が行っていることの規範を言葉にすることを禁じており、それを口にすれば、たとえそれが事実でも〝口にしたということが不道徳行為〟と見なされる。従って、それを口にしてはいけない。これが日本の道徳である。」というのは、現在でも変わらぬ真理なのでしょう。だから、山本七平氏は、同書では、大東亜戦争開戦の最大の理由が、「英霊に相すまぬ」だとは、あえてはっきりとは書かなかったのかもしれません。その5年前には、イザヤ・ベンダサン名の『日本教について』（174頁）で、あれほど明確に書いているのにもかかわらず……。

そしてまた、若井敏明氏が嘆いているように、日本神話を科学的に分析することもタブーに近いようです。この点は、少なからず不思議だというしかありません。まもなく戦後80年を迎えるのに、いまだに学問の世界では、「皇国史観」への反感が根強いのでしょうか？

キリスト教圏では、日本とは対照的で、「聖書学」は既に確立された学問分野になっています。たとえば、ノアの洪水についての気象学的な分析や、ローマ人に布教するため、あえてギリシャ語で書いたとか、ユダヤ人を悪く言ったなどです。

参考までに、次は聖書文学会についての説明です。

＊　＊

聖書文学会（米国、Society of Biblical Literature）についての説明の仮訳

ＳＢＬは7千人を超える学者が所属する会員組織で、さまざまな学問分野から聖書を批判的に調査することに専念する最古にして最大の学協会です。ＳＢＬはその活動を通じて学術研究を支援し、聖書とその影響に対する一般の理解を促進します。

＊　＊

最後になりますが、ネット上の資料も含め、数多くの素晴らしい研究に大変お世話になりま

した。すべては書き切れないため、この場を借りて厚くお礼を申し上げます。また、本書の出版に際しては、北澤晋一郎さん、矢島由理さんをはじめ、鳥影社の皆さんにご協力をいただき、深く感謝いたします。

今後とも、議論の輪がますます広がることを願って結びの言葉とします。

主な参考文献

《「空気」の研究》

山本七平『「空気」の研究』文藝春秋　1977年
山本七平『「あたりまえ」の研究』ダイヤモンド社　1980年
山本七平、小室直樹『日本教の社会学』講談社　1981年
山本七平『裕仁天皇の昭和史―平成への遺訓―そのとき、なぜそう動いたのか』祥伝社　2004年
山本七平『なぜ日本は変われないのか―日本型民主主義の構造』さくら舎　2011年
山本七平『日本型組織 存続の条件』さくら舎　2020年
山本七平ほか『山本七平ライブラリー』1〜16　文藝春秋　1997年
イザヤ・ベンダサン（山本七平訳）『日本教について』文藝春秋　1972年
イザヤ・ベンダサン（山本七平編訳）『日本教は日本を救えるか』さくら舎　2015年
池田信夫ほか『「日本史」の終わり―変わる世界、変われない日本人』ＰＨＰ研究所　2012年

池田信夫『「空気」の構造―日本人はなぜ決められないのか』白水社　２０１３年
池田信夫『失敗の法則―日本人はなぜ同じ間違いを繰り返すのか』ＫＡＤＯＫＡＷＡ　２０１７年
池田信夫ほか『長い江戸時代のおわり』ビジネス社　２０２２年

《大東亜戦争》

石原莞爾『世界最終戦争論』中公文庫　１９９３年
野中郁次郎ほか『失敗の本質―日本軍の組織論的研究』ダイヤモンド社　１９８４年
野中郁次郎ほか『戦略の本質―戦史に学ぶ逆転のリーダーシップ』日経ＢＰマーケティング　２００８年
寺崎英成ほか『昭和天皇独白録』文藝春秋　１９９５年
文浦史朗『図解雑学　太平洋戦争』ナツメ社　２００４年
東條由布子編『大東亜戦争の真実―東條英機宣誓供述書』ワック　２００５年
長谷川毅『暗闘―スターリン、トルーマンと日本降伏』中央公論新社　２００６年
加藤陽子『それでも、日本人は「戦争」を選んだ』朝日出版社　２００９年
ジェームズ・Ｂ・ウッド（茂木弘道訳）『「太平洋戦争」は無謀な戦争だったのか』ワック　２００９年

野口悠紀雄『1940年体制（増補版）―さらば戦時経済』東洋経済新報社　2010年
猪瀬直樹『昭和16年夏の敗戦』中央公論新社　2010年
門田隆将『太平洋戦争 最後の証言 第三部 大和沈没編』小学館　2012年
森山優『日本はなぜ開戦に踏み切ったか―「両論併記」と「非決定」』新潮社　2012年
片山杜秀『未完のファシズム―「持たざる国」日本の運命』新潮社　2012年
若狭和朋『昭和の大戦と東京裁判の時代』ワック　2013年
杉之尾宜生『大東亜戦争敗北の本質』筑摩書房　2015年
林千勝『日米開戦 陸軍の勝算―「秋丸機関」の最終報告書』祥伝社　2015年
山本智之『「聖断」の終戦史』NHK出版　2015年
川田稔『昭和陸軍全史1～3』講談社　2014～2015年
川田稔『昭和陸軍　七つの転換点』祥伝社　2021年
半藤一利『歴史と戦争』幻冬舎　2018年
牧野邦昭『経済学者たちの日米開戦―秋丸機関「幻の報告書」の謎を解く』新潮社　2018年
辻田真佐憲『天皇のお言葉―明治・大正・昭和・平成』幻冬舎　2019年
古川隆久ほか編『昭和天皇拝謁記―初代宮内庁長官田島道治の記録』（全7巻）岩波書店

２０２１～２０２３年
岡部伸『第二次大戦、諜報戦秘史―英国立公文書館所蔵ファイルで読み解く情報士官たちのスパイ工作』ＰＨＰ研究所　２０２１年
大木毅『勝敗の構造―第二次大戦を決した用兵思想の激突』祥伝社　２０２４年
ウィンストン・チャーチル（佐藤亮一訳）『第二次世界大戦』河出文庫　１９８４年
アントニー・ビーヴァー（平賀秀明訳）『第二次世界大戦１９３９―４５』白水社　２０１５年
ヘクター・Ｃ・バイウォーター（林信吾ほか訳）『太平洋大戦争―開戦16年前に書かれた驚異の架空戦記』コスモシミュレーション文庫　２００１年
(Hector C. Bywater, The Great Pacific War 1931-1933, 1925.)
ヘクター・Ｃ・バイウォーター（石丸藤太訳）『太平洋戦争と其批判』大日本文明協会　１９２６年
石丸藤太『日米戦争　日本は負けない』小西書店　１９２４年
エドワード・ミラー（沢田博翻訳）『オレンジ計画―アメリカの対日侵攻50年戦略』新潮社　１９９４年

《日本史》
井沢元彦『逆説の日本史』小学館　1993年〜
井沢元彦『言霊《ことだま》―なぜ日本に、本当の自由がないのか』祥伝社　1991年
井沢元彦『穢《けが》れと茶碗―日本人は、なぜ軍隊が嫌いか』祥伝社　1994年
井沢元彦『天皇の日本史』KADOKAWA　2018年
井沢元彦『日本史真髄』小学館　2018年
井沢元彦『逆説の日本史（コミック版）』小学館　2018年〜
若井敏明『邪馬台国の滅亡―大和王権の征服戦争』吉川弘文館　2010年
金澤正由樹『古代史サイエンス―DNAとAIから縄文人、邪馬台国、日本書紀、万世一系の謎に迫る』鳥影社　2022年

《新幹線》
田中角榮『日本列島改造論』日刊工業新聞社　1972年
高橋団吉『新幹線を走らせた男―国鉄総裁 十河信二物語』デコ　2015年

《その他》
山岸俊男ほか『ネット評判社会』NTT出版　2009年
太田肇『日本人ビジネスマン「見せかけの勤勉」の正体―なぜ成果主義は失敗したのか』P

ＨＰ研究所　２０１０年
濱口桂一郎『日本の雇用と労働法』日経ＢＰマーケティング　２０１１年
濱口桂一郎『若者と労働―「入社」の仕組みから解きほぐす』中央公論新社　２０１３年
スティーブン・ピンカー（幾島幸子ほか訳）『暴力の人類史』青土社　２０１５年
鈴木賢志『日本人の価値観―世界ランキング調査から読み解く』中央公論新社　２０１２年
相澤理『「憲法とは何か」を伊藤博文に学ぶ―「憲法義解」現代語訳＆解説』アーク出版　２０１５年
デヴィッド・グレーバーほか（酒井隆史訳）『万物の黎明―人類史を根本からくつがえす』光文社　２０２３年

■論文

《日本語》

村山研一「市町村合併と市町村名称の選択」『地域ブランド研究』２００９年
中村國則「確率加重関数の理論的展開」『心理学評論』２０１３年
由良富士雄「太平洋戦争における航空運用の実相―運用理論と実際の運用との差異について―」『戦史研究年報』２０１２年

牧野邦昭「『英米合作経済抗戦力調査（其二）』（陸軍秋丸機関報告書）―資料解題―」『摂南経済研究』２０１５年

《英語》

Ariel S. Levi, Glen Whyte, A Cross-cultural exploration of the reference dependence of crucial group decisions under risk: Japan's 1941 decision for war, Journal of Conflict Resolution, 1997.

Daniel Kahneman, Amos Tversky, Prospect theory: An analysis of decision under risk, Econometrica, 1979.

Amos Tversky, Daniel Kahneman, Advances in prospect theory: Cumulative representation of uncertainty, Journal of Risk and Uncertainty, 1992.

Jung-Kyoo Choi, Samuel Bowles, The coevolution of parochial altruism and war, Science, 2007.

Samuel Bowles et al., A cooperative species: Human reciprocity and its evolution, Princeton University Press, 2011.

Hisashi Nakao, Kohei Tamura, Yui Arimatsu, Tomomi Nakagawa, Naoko Matsumoto, Takehiko Matsugi, Violence in the prehistoric period of Japan: The spatio-temporal

pattern of skeletal evidence for violence in the Jomon period, Biology Letters, 2016.
Tomomi Nakagawa, Hisashi Nakao, Kohei Tamura, Yui Arimatsu, Naoko Matsumoto and Takehiko Matsugi, Violence and warfare in prehistoric Japan, Letters on Evolutionary Behavioral Science, 2017.
Jenna M Dittmar, Elizabeth Berger, Xiaoya Zhan, Ruilin Mao, Hui Wang, Hui-Yuan Yeh, Skeletal evidence for violent trauma from the bronze age Qijia culture (2,300-1,500 BCE), Gansu Province, China. International Journal of Paleopathology, 2019.
Tomomi Nakagawa, Kohei Tamura, Yuji Yamaguchi, Naoko Matsumoto, Takehiko Matsugi, Hisashi Nakao, Population pressure and prehistoric violence in the Yayoi period of Japan, Journal of Archaeological Science, 2021.

■ホームページなど

頸城野郷土資料室学術研究部「ディスカッションペーパー 視点を変えた『謎の４世紀』朝鮮側の資料から日本の『謎の４世紀』を探る」『研究紀要』２０１７年
縄文時代は〝平和〟だった 暴力死亡率は１・８％―「戦争は人間の本能」は誤り？ ＩＴメディアニュース

ＮＨＫ戦争を伝えるミュージアム　終戦はどのように決まった？　危機を前に政府と軍の会議は延々とつづいた
明治神宮公式ホームページ
高田直樹ドットコム「大日本帝国憲法の現代語訳」
日本まほろば社会科研究室
西条市公式ホームページ「新幹線生みの親 十河信二」２０２３年5月26日更新
老川慶喜「新幹線の生みの親 十河信二」『事業構想オンライン』２０１３年10月号
日本古代史つれづれブログ「三国史記新羅本紀を読む1〜5」２０１５〜２０１６年
池田信夫ブログ
言論プラットフォーム　アゴラ
ダイヤモンドオンライン
ウィキペディア
山岸俊男「ネット社会における評判と信頼」『国立情報学研究所オープンハウス２０１０』２０１０年6月4日
未知への独り言「脳と経済　第9回 ―神経経済学の行動経済学 プロスペクト理論3―」
大和市ホームページ　大和市史

角田晶生「絶対に大和国つながりだと思ってたのに⁉　神奈川県『大和』市の誕生、そして『まほろば連邦』の夢」

〈著者紹介〉

金澤 正由樹（かなざわ まさゆき）

1960年代関東地方生まれ。山本七平氏の熱心な読者。社会人になってから、井沢元彦氏と池田信夫氏の著作に出会い、歴史に興味を持つ。以後、独自に日本と海外の文献を研究。コンピューターサイエンス専攻。数学教員免許、英検1級、TOEIC900点のホルダー。

主な著書

『古代史サイエンス–DNAとAIから縄文人、邪馬台国、日本書紀、万世一系の謎に迫る』（2022年）

『デジタル時代の「血液型と性格」–AIと60万人のデータが開けた秘密の扉』（2021年）

主な論文

『New Perspective on GWAS: East Asian Populations from the Viewpoint of Selection Pressure and Linear Algebra with AI（2022年）

『A Pilot Study Using AI for Psychology: ABO Blood Type and Personality Traits』（2021年）

「空気の研究」の研究

ゲーム理論と進化心理学で考える

大東亜戦争開戦と御聖断のサイエンス

A Study of "Atmoshere" in Japan

2024年7月26日初版第1刷発行

著　者　金澤正由樹

発行者　百瀬　精一

発行所　鳥影社（www.choeisha.com）

〒160-0023　東京都新宿区西新宿3-5-12トーカン新宿7F

電話　03-5948-6470, FAX 0120-586-771

〒392-0012　長野県諏訪市四賀 229-1（本社・編集室）

電話 0266-53-2903, FAX 0266-58-6771

印刷・製本　シナノ印刷

ISBN978-4-86782-086-5　C0021